EIBOR (Hg.)

## »Und siehe, es war schön bunt!«
Menschsein und Identität

Bausteine für den Religionsunterricht an Beruflichen Schulen

RU praktisch – Berufliche Schulen

Erstellt von
Christina Krause
Christine Lanz
Alexandra Wörn
Harald Becker
Joachim Ruopp

VANDENHOECK & RUPRECHT

Mit 76 Abbildungen

Bibliografische Information der Deutschen Nationalbibliothek:
Die Deutsche Nationalbibliothek verzeichnet diese Publikation in der
Deutschen Nationalbibliografie; detaillierte bibliografische Daten sind
im Internet über http://dnb.de abrufbar.

© 2023, Vandenhoeck & Ruprecht, Robert-Bosch-Breite 10, D-37079 Göttingen, ein Imprint der Brill-Gruppe
(Koninklijke Brill NV, Leiden, Niederlande; Brill USA Inc., Boston MA, USA; Brill Asia Pte Ltd, Singapore;
Brill Deutschland GmbH, Paderborn, Deutschland; Brill Österreich GmbH, Wien, Österreich)
Koninklijke Brill NV umfasst die Imprints Brill, Brill Nijhoff, Brill Schöningh, Brill Fink, Brill mentis,
Brill Wageningen Academic, Vandenhoeck & Ruprecht, Böhlau und V&R unipress.

Umschlagabbildung: © Lightspring/shutterstock

**Alle Internetlinks wurden im April 2023 zuletzt abgerufen.**

Copyright:
**M1.17:** Christopher William Adach from Mexico (https://commons.wikimedia.org/wiki/File:Karl_Lagerfeld_(14091153382)_(cropped).jpg), »Karl Lagerfeld (14091153382) (cropped)«, https://creativecommons.org/licenses/by-sa/2.0/legalcode | **M2.8:** Otto van Veen, Geburt Christi, Bayerische Staatsgemäldesammlungen – Staatsgalerie Neuburg, URL: https://www.sammlung.pinakothek.de/en/artwork/RQ4XJKzL10 (Last updated on 11.09.2020) | Max Ernst: Die Jungfrau züchtigt das Jesuskind vor drei Zeugen: André Breton, Paul Éluard und dem Maler © akg-images © VG Bild-Kunst, Bonn 2023 | **M2.10:** Yvette W/pixabay | **M3.2:** Dictum Media (https://commons.wikimedia.org/wiki/File:Thomas_Hitzlsperger_2014-01-03_001.jpg), »Thomas Hitz-lsperger 2014-01-03 001«, https://creativecommons.org/licenses/by/3.0/legalcode |

Satz: SchwabScantechnik, Göttingen
Druck und Bindung: ⊕ Hubert & Co, Göttingen
Printed in the EU

**Vandenhoeck & Ruprecht Verlage | www.vandenhoeck-ruprecht-verlage.com**

ISBN 978-3-525-70315-1

# Inhalt

Vorwort .................... 6

**1 Body Bildung – was mein Körper mit mir macht, und ich mit ihm** ............. 8
M 1.1 Was ist schon normal?! ................ 11
M 1.2 Herzauge ......................... 12
M 1.3 Spieglein, Spieglein an der Wand ........ 13
M 1.4 Fürs Selfie unters Messer .............. 15
M 1.5 Für mehr Selbstliebe unters Messer? ...... 17
M 1.6 Ich bin ziemlich groß ................. 18
M 1.7 David gegen Goliath .................. 19
M 1.8 Besuch von Tante Rosa ................ 20
M 1.9 »Ich verhülle meine Haare, nicht mein Gehirn« 21
M 1.10 Wunderbar ...................... 23
M 1.11 Body and Soul .................... 24
M 1.12 Auferstehung eines Strampelanzuges .... 25
M 1.13 Behindert ....................... 27
M 1.14 Kurzsichtig ...................... 28
M 1.15 Unten drunter sind wir alle nackt ........ 29
M 1.16 Arbeitskleidung ................... 31
M 1.17 Leben in der Jogginghose ............. 33
M 1.18 »Das machen nicht nur Proleten« ........ 34
M 1.19 »Fitnesskörper« ................... 35
M 1.20 »Ich war total besessen« ............. 36
M 1.21 »Ich dachte, ich verfaule.« ............ 37

**2 Männer- und Frauenbilder: David und Maria** 38
**2A Mann, David! – Macho, Mörder, Musiker?** ... 39
M 2.1 A Männer-Bilder ..................... 41
M 2.1 B Männer-Bilder ..................... 42
M 2.1 C Männer-Bilder ..................... 43
M 2.1 D Männer-Bilder ..................... 44
M 2.1 E Männer-Bilder ..................... 45
M 2.1 F Männer-Bilder ..................... 46
M 2.1 G Männer-Bilder ..................... 47
M 2.2 Die David-Geschichten im Überblick ...... 48
M 2.3 A Männer-Texte ..................... 49
M 2.3 B Männer-Texte ..................... 50
M 2.3 C Männer-Texte ..................... 51
M 2.3 D Männer-Texte ..................... 52
M 2.3 E Männer-Texte ..................... 53
M 2.3 F Männer-Texte ..................... 54
M 2.3 G Männer-Texte ..................... 55

**2B Maria, Madonna: Mutter, Ehefrau, Heilige, Pop-Ikone! Was macht eine Frau zu einer Frau?** ......... 56
M 2.4 Kennst Du Maria? ................... 58
M 2.5 Phänomen Maria: Vier weitere Facts ...... 59
M 2.6 Jungfrau oder Verführerin: Wer war Maria und wer bin ich? ......................... 61
M 2.7 Und was ist Jungfräulichkeit? ........... 62
M 2.8 Perfekte Mutter!? .................... 64
M 2.9 Ziemlich beste Freundinnen: Maria und Elisabet! 65
M 2.10 Kämpferin und Königin der Armen ....... 66
M 2.11 Maria, der Superstar ................ 67

**3 »Was, wenn ich beides bin?« – Geschlechtsidentität und Religion** ........ 69
M 3.1 Homosexualität: Fake oder Fakt? ........ 71
M 3.2 Outing nach der Karriere ............... 72
M 3.3 Homosexualität und Religion ........... 73
M 3.4 James, der Pfarrerssohn .............. 74
M 3.5 Darf es ein Zwischen geben? ........... 76
M 3.6 Männlich und weiblich in der Bibel ....... 78

**4 Alles Familie?! Von Familienbildern, Lebensentwürfen und (schrägen) Beziehungen** ... 79
M 4.1 Alles Familie? ...................... 81
M 4.2 Familienbilder ..................... 82
M 4.3 Jeder Mensch ist Familie .............. 84
M 4.4 Zwischen Vater und Mutter stehen ....... 86
M 4.5 Das schwarze Schaf .................. 88
M 4.6 Gesucht: verlässliche Beziehungen ....... 89
M 4.7 Heiraten – weil das dazu gehört!? ........ 90
M 4.8 Single-Braut. Heiraten ohne Partner ...... 91
M 4.9 Junge, Junge ...................... 92
M 4.10 Boys will be boys! ................... 94
M 4.11 Vereinbarkeit von Familie und Beruf – eine Herausforderung für Männer ............. 95

**5 »Arbeit – mein halbes Leben?!«: mein Beruf und ich** ..................... 97
M 5.1 Was ist Arbeit für mich? ............... 100
M 5.2 Viele gute Gründe zu arbeiten ........... 101
M 5.3 Wenn ich den Job von Ariana Grande oder Justin Bieber hätte … .................... 102
M 5.4 Gott ist stolz auf seine Arbeit! Ich auch? ... 103
M 5.5 Bilder in unseren Köpfen .............. 105
M 5.6 A man in a woman's world – a woman in a man's world ......................... 106
M 5.7 Bei Adam und Eva anfangen ........... 108
M 5.8 Überhaupt noch Lust auf Arbeit? ........ 109
M 5.9 Work-Life-Balance .................. 110
M 5.10 I care – but is it fair? ................ 112

# Vorwort

**Schön bunt! Alles gut! Oder doch zu bunt?**

FRIEDRICH SCHWEITZER

Da prallen die Auffassungen noch immer hart aufeinander, in der Gesellschaft und auch in der Kirche. In der Vergangenheit schien alles einfach und klar: Die Gesellschaft besteht aus Familien, mit Vater, Mutter und Kindern (Plural!); die Kirche lehrt, dass dies auch dem christlichen Glauben entspricht, und gibt ihren Segen dazu. »Gott schuf sie als Mann und Frau« (1. Mose 1,27), damit sie sich mehren (Vers 28), also Kinder bekommen und so das Leben weitergeht. »Bunt« war in der Bibel nicht vorgesehen, so könnte man jedenfalls meinen. Und jetzt?

Kein Zweifel: Das Leben in der Gegenwart ist bunter geworden. Die klassische Familie ist längst nicht mehr die dominante oder gar einzige Lebensform. Die Zahl der Singles hat stark zugenommen. Gleichgeschlechtliche Paare finden mit ihrer Verbindung eine offizielle staatliche Anerkennung, seit 2017 auch in Gestalt der gleichgeschlechtlichen Ehe. Menschen, die anders sind – auch im Blick auf ihr Geschlecht – machen ihre noch immer häufig erfahrenen Leidensgeschichten öffentlich und klagen ihre Rechte ein. Homosexuell, Trans und Inter – Akronyme werden zu Schlagworten: LGBT (lesbian, gay, bi-sexual, trans) oder LGBT*Q (queer), die inzwischen weithin verwendet werden und doch noch Signalwirkung besitzen. Vieles ist in Bewegung geraten, in der Gesellschaft ebenso wie in Kirche und Christentum, auch wenn noch viele Fragen offen sind.

Zugleich gibt es aber auch ganz andere Entwicklungen. Im Namen der individuellen Freiheit und angeblichen Selbstverwirklichung werden nach wie vor Bilder von Normalität und Schönheit verbreitet, die keine Ausnahme dulden. Die Bilder von Mann und Frau erscheinen hier zwar in Hochglanz gedruckt, aber die Farben sind nicht wirklich bunt, sondern nur künstlich. Doch ist ihr oft medial verbreiteter Einfluss umso größer. Schönheit-OPs gehören längst nicht mehr nur zu Hollywood, sondern fungieren mitunter sogar als Weihnachtsgeschenk oder als Präsent zum Abitur. Der Körper wird damit zum Projekt, für dessen Gestaltung jeder und jede selbst Verantwortung übernehmen soll. Menschliche Perfektionierung, die keine Grenzen zu kennen scheint. Alles gut?

Für junge Menschen treffen all diese Entwicklungen auf einen Prozess, in dem sie eine eigene Identität finden und ausbilden müssen. Schon die Klassiker der Entwicklungspsychologie und der Psychologie der Lebensspanne wie etwa Erik H. Erikson sehen in der Identitätsbildung die zentrale Entwicklungsaufgabe der Adoleszenz. Dabei stand zwar auch schon Erikson, anders als heute manchmal behauptet wird, deutlich vor Augen, dass es festliegende Identitäten im menschlichen Leben nicht geben kann, sondern immer nur polare Spannungen zwischen Identität und Identitätskonfusion, aber gleichwohl bleibt richtig, dass sich auch in psychologischer Hinsicht vieles verändert hat. Identitätsbildung ist schwieriger geworden, weil sie sich heute im Horizont zahlreicher alternativer Möglichkeiten vollziehen muss. Trotz aller Hinweise auf Patchwork-Identitäten, auf die Beweglichkeit der nie abzuschließenden Identitätsbildung oder auf die Fragmentarität aller menschlichen Identitäten ist die Aufgabe, eine wie auch immer offene Identität auszubilden, nicht verschwunden. Ohne ein kohärentes Selbstbild und ohne tragfähige Orientierung im Sozialraum kann menschliches Leben nicht gelingen.

So betreffen alle genannten Aspekte von gesellschaftlichen und religiösen Erwartungen oder Normen, der Zwang zur Normalität und zur Selbstoptimierung, die Ordnung der Gesellschaft nach (ausschließlich) zwei Geschlechtern, die Tabuisierung und Diskriminierung von Homo-, Trans- und Intersexualität in besonderer Weise auch junge Menschen. Denn all dies hat Implikationen für die Identitätsbildung im Jugend- und jungen Erwachsenenalter.

Wie die im vorliegenden Heft entfalteten Unterrichtsbeispiele immer wieder zeigen, muss die Bibel in dieser Situation keineswegs eine Quelle zusätzlicher Belastung oder der weiteren Befestigung überkommener Normen sein. Stattdessen bietet die Bibel vielfältige Anstöße, und zwar auch zur kritischen Auseinandersetzung mit traditionellen Vorstellungen etwa von Mann und Frau oder von Sexualität, aber eben zugleich befreiende Perspektiven sowie Orientierungsmöglichkeiten in der Vielfalt heutiger Identitätsangebote. Denn wenn es im Titel dieses Heftes heißt »Und siehe, es war schön bunt!«, dann bedeutet das ja nicht, dass nun einfach alles gutzuheißen wäre. Je ausgeprägter die Vielfalt der Möglichkeiten, desto größer auch der Bedarf an kritischer Urteilsfähigkeit für jede und jeden einzelnen sowie in der Gesellschaft.

Die Vorschläge im vorliegenden Heft verfallen aber nirgends der Versuchung, einfach den moralischen Zeigefinger zu heben oder in Stein gemeißelte ethisch-moralische Leitlinien im Namen des Christentums zu verkünden. Stattdessen geht es immer wieder um die Auseinandersetzung mit menschlichen Erfahrungen – in der biblischen Zeit ebenso wie in der Gegenwart. Biblische Bilder und Erzählungen gewinnen dabei neu an Leben und Erfahrungsnähe, an Inspiration- und Irritationskraft. Kreative Methoden unterstützen den Versuch, die Bibel überraschend aktuell und spannend begegnen zu lassen.

Wenn über all dem stehen kann »Und siehe, es war schön bunt!« – im bewussten Anklang an das »Und siehe, es war sehr gut« –, dann geht es um die Menschen als Gottes Geschöpfe und als Ebenbilder Gottes. Denn die Gottebenbildlichkeit, wie sie die Bibel versteht, gehört ja nicht nur einem auserwählten Teil der Menschheit. Die in dieser Hinsicht noch immer herausfordernde biblische Botschaft besagt vielmehr, dass alle Menschen diese Würde in unverlierbarer Weise von Gott zugesprochen und geschenkt bekommen.

Mir selbst macht dieses Heft Lust, mit diesen Vorschlägen zu arbeiten und auf diese Weise mit jungen Menschen über nicht immer leichte Fragen ins Gespräch zu kommen. Dass dabei insbesondere – wenn auch keineswegs ausschließlich – junge Menschen im beruflichen Bildungswesen im Blick sind, motiviert offenbar dazu, die religionsdidaktisch gebotene Erfahrungsnähe nicht im Abstrakten zu belassen, sondern ganz konkret an das Leben in Arbeit und Beruf anzuknüpfen. Auch dadurch gewinnen die Unterrichtsvorschläge weiter an Lebendigkeit.

Als Leiter des Evangelischen Instituts für Berufsorientierte Religionspädagogik (EIBOR) an der Universität Tübingen danke ich allen, die zum Gelingen dieses Heftes beigetragen haben. Hervorzuheben ist insbesondere die hilfreiche Kooperation zwischen dem EIBOR und den beiden religionspädagogischen Instituten ptz und RPI in Stuttgart-Birkach und Karlsruhe. Solch eine gute, unkomplizierte und fruchtbare Zusammenarbeit ist nicht selbstverständlich! Teilweise wurden die Module darüber hinaus im KollegInnenkreis auch außerhalb der Institute diskutiert, einige wurden bereits im Unterricht erprobt. Ich bin überzeugt, dass sich die Arbeit gelohnt hat und den Religionsunterricht noch besser machen kann.

# 1 Body Bildung – was mein Körper mit mir macht, und ich mit ihm

CHRISTINA KRAUSE

Gerade in Zeiten von Pubertät und Adoleszenz spielt der eigene Körper eine zentrale Rolle: nicht nur das komplette Gehirn programmiert sich in der Pubertät um, v. a. ist es das Wachsen der äußeren Geschlechtsteile, die Behaarung der genitalen Zonen oder der Stimmbruch bei Jungs, die zeigen, dass aus Mädchen Frauen und aus Jungen Männer werden. Gerade wenn diese körperliche Veränderung verspätet (oder auch verfrüht) einsetzt, sich anders gestaltet als erhofft, aus der »Norm« herausfällt oder sich vielleicht gar nicht in das klassische Mann-Frau-Schema einsortieren lässt, kommt es bei Jugendlichen und jungen Erwachsenen nicht selten zu inneren Konflikten.

Hier greift das Modul die vorhandenen Fragestellungen der Jugendliche auf und bietet Hilfestellungen, den eigenen Körper und die eigene Körperlichkeit in den unterschiedlichen Dimensionen zu entdecken und zu thematisieren. Dabei geht es neben einem wahrnehmenden Blick v. a. auch um die Reflexion bzw. die kritische Infragestellung – gerade auch aus einer christlichen Sicht heraus – gängiger Vorstellungen, wie der angeblich ideale Körper zu sein habe.

Männliche und weibliche Körper unterscheiden sich. Deswegen ist es wichtig, dass auch in diesem Modul unterschieden wird in Themen, die eher für Klassen mit hohem weiblichen Anteil geeignet sind, sowie Themen, die ihren Schwerpunkt eher in Männerklassen haben. Dass es selbstverständlich für alle Seiten wichtig ist, auch das andere Geschlecht in seiner bzw. ihrer jeweiligen Eigenart und Einzigartigkeit wahrzunehmen, steht außer Frage. Dennoch erscheint es sinnvoll, vor dem Start des Moduls genau auszuwählen, welche Bausteine für welche Klassen geeignet sind. Ein Religionsunterricht für (vorwiegend weibliche) Friseurinnen oder Medizinische Fachangestellte wird andere Schwerpunkte setzen als einer bei KFZ-Mechatronikern oder in der Holzverarbeitung.

Überhaupt macht es einen Unterschied, in welchen Ausbildungsklassen unterrichtet wird. Je nach Berufsgruppe werden unterschiedliche Fragestellungen wichtig(er) sein. Einen Beruf ohne Körperlichkeit gibt es nicht. Immer bringen die Auszubildenden sich mit ihrem Körper ein. Zum anderen gibt es aber auch berufsspezifische Fragestellungen:
- Berufe, die den Körper als Thema haben: Pflegeberufe, Medizinwesen, Friseur, Drogerie, Einzelhandel im Bereich Bekleidung, Bestattungswesen, Herstellung und Verkauf von Nahrungsmitteln, ...
- Geschlecht: z.B. typische Männer- oder Frauenberufe; Vor- oder Nachteile im Arbeitsleben, die sich aufgrund der (geschlechtlich bedingten) körperlichen Ausstattung ergeben wie Größe, Kraft etc.
- Berufe, bei denen körperliche Nähe eine Rolle spielt: z.B. Pflegeberufe, pädagogische Fachkräfte, Medizinwesen, ...
- spezielle Berufsbekleidung: z.B. Firmenkleidung zur Wiedererkennung, Schutzkleidung, Zimmermannshose, Arztkittel, ...
- spezifische Körperhaltungen oder -bewegungen: sitzen, stehen, heben, tragen, laufen, ...
- Einflüsse/besondere körperliche Belastungen: schwere körperliche Arbeit, Schreibtischtätigkeit, Arbeitszeiten/Schichtarbeit, Fließbandarbeit, Arbeiten ohne Tageslicht, Arbeiten bei Wind und Wetter/hoher Sonneneinstrahlung, Lärm, Gerüche, Materialien/Chemikalien, ...

Dabei handelt es sich nur um Beispiele, die beim Thema Körper und Beruf bedacht werden können. Für jeden Ausbildungsberuf lohnt es sich, vor der Unterrichtseinheit Faktoren zu notieren, mit denen die Schülerinnen und Schüler in ihrem spezifischen Berufsfeld konfrontiert werden.

Die folgenden Unterrichtsbausteine versuchen für einen Teil dieser Themen Ideen zu liefern, wie im Religionsunterricht der Körper bzw. das Wissen um meinen Körper/Body gebildet werden kann. Darüber hinaus gibt es noch viele weitere Möglichkeiten, die Thematik mit seinen Schülerinnen und Schülern zu behandeln. Gerade (sensible) Körperübungen und Körpererfahrungen sollten hierbei mitbedacht werden.

Den einzelnen Unterrichtsbausteinen sind in der folgenden Übersicht jeweils (zum Teil frei übersetze) Bibelzitate vorangestellt. Diese werden nicht explizit behandelt, dienen der Lehrkraft aber zur Übersicht und Einordnung des Themas. Gedacht ist daran, dass einzelne Textstellen im Lauf des Unterrichtsgeschehens mit einfließen können.

**Unterrichtsbausteine**

*1. Baustein: Wer sagt mir, wer ich bin? – Der »ideale« Körper*

M1.1 Was ist schon normal?!
M1.2 Herzauge
M1.3 Spieglein, Spieglein an der Wand?
M1.4 Fürs Selfie unters Messer
M1.5 Für mehr Selbstliebe unters Messer?

- Gen 1,27: »... ein Bild Gottes ...«
- Hld 1,15: »Siehe, meine Freundin, du bist schön!«
- Mt 6,25–32: »Schön-Sein einfach so, wie ich bin und ohne was zu tun? – Seht die Lilien auf dem Feld ...«
- 1 Kor 13,12: »Was sehe ich eigentlich, wenn ich in den Spiegel schaue?« – »Wir sehen wie durch einen Spiegel, ein dunkles Bild ...«

**Ziel:**
Die Schülerinnen und Schüler können sich mit der Frage auseinandersetzten, was ein »normaler« Körper ist bzw. wie Menschen zu einem positiven Körpergefühl kommen.

Anhand der Überlegung, dass es keinen Normkörper gibt, wird der Blick auf die biblische Sicht gelenkt, dass es neben der Äußerlichkeit auch auf das Innere des Menschen ankommt. Dies wird durch drei aktuelle Beispiele von Frauen konkretisiert.

*2. Baustein: So bin ich! – Den eigenen Körper wahrnehmen*

M1.6 Ich bin ziemlich groß
M1.7 David gegen Goliath
M1.8 Besuch von Tante Rosa
M1.9 »Ich verhülle meine Haare, nicht mein Gehirn«
M1.10 Wunderbar

- Gen 1,27: »Da schuf Gott den Menschen zu seinem Bilde ... männlich und weiblich.«
- Gen 1,31: »... und siehe, es war sehr gut ...«
- Gen 3,16: »... unter Schmerzen wirst du Kinder auf die Welt bringen ...«
- Ps 139: »... wunderbar gemacht ...«
- Gal 3,27: »... da gibt es keine Ungleichwertigkeit zwischen Mann und Frau – sondern alle sind gleichberechtigt bei Christus.«

- 1 Kor 6,19 f.: »Mein Körper gehört Gott? Was heißt denn das?! ... Oder wisst ihr nicht, dass Euer Körper ein Tempel des Heiligen Geistes ist? Darum lobt Gott mit Eurem Körper!«
- 2 Kor 12,9: »Meine Gnade reicht. Meine Kraft ist gerade bei den Schwachen kräftig.«

**Ziel:**
Die Schülerinnen und Schüler können unterschiedliche Aspekte der eigenen Körperwahrnehmung beschreiben.

Anhand der drei konkreten Themen Größe, Menstruation und Kopftuch werden diese Fragen behandelt. Abschließend wird auf die biblische Rede aus Ps 139 verwiesen, dass jeder Mensch ein einmaliges und geliebtes Geschöpf Gottes ist.

*3. Baustein: Unzertrennlich – Körper und Geist*

M1.11 Body and Soul
M1.12 Auferstehung eines Strampelanzuges

- Gen 2,7: »und Gott blies dem Menschen die Lebenskraft ein ...«
- 1 Kor 15: »... das Leben, zu dem wir auferweckt werden, ist erfüllt von Gottes Herrlichkeit« – »... ein natürlicher Leib, ein vom Geist Gottes neu geschaffener Leib ...« – »Wir werden alle verwandelt werden.«

**Ziel:**
Die Schülerinnen und Schüler können darstellen, dass nach dem jüdisch-christlichem Menschenbild Körper und Geist eine Einheit bilden und dies anhand der Überlegungen zur leiblichen Auferstehung beschreiben.

Anhand einer Übersicht wird auf das Thema der Leib-Seele-Einheit verwiesen. Konkretisiert wird das ganze durch die Überlegung, wie verändert und doch körperlich auch nicht verwandelt Menschen auferstehen werden.

*4. Baustein: Anders schön – Leben mit Behinderungen*

M1.13 Behindert
M1.14 Kurzsichtig

- Ps 139: »Du hast mich bereits im Mutterleib gemacht« – »... wunderbar gemacht..:«
- 2 Kor 12,9: »Meine Gnade reicht. Meine Kraft ist gerade bei den Schwachen kräftig.«

**Ziel:**

Die Schülerinnen und Schüler können erklären, dass jeder Mensch in irgendeiner Art und Weise Dinge an seinem Körper hat, die ihn beeinträchtigen bzw. die von der »Norm« abweichen.

Anhand zweier Beispiele zum Thema Behinderung werden die Schülerinnen und Schüler sowohl für ihre Sprache anderen gegenüber als auch für eigene Behinderungen sensibilisiert.

### 5. Baustein: Angezogen – Kleidung aller Art

M1.15 Unten drunter sind wir alle nackt
M1.16 Arbeitskleidung
M1.17 Leben in der Jogginghose

- Gen 3,10.21: »[…] ich habe Angst, weil ich nackt bin. Ich erkenne, was ich falsch gemacht habe. Deswegen verstecke ich mich.« – »Und Gott machte für den Menschen Kleidung, damit sie lernen, mit ihrer Nacktheit und Scham umzugehen.«
- 1 Sam 16,7: »Ein Mensch sieht nur das Äußere, Gott aber sieht dein Herz an, das, was in dir drinnen ist.«

**Ziel:**

Die Schülerinnen und Schüler können zum Tragen von verschiedener Kleidung in unterschiedlichen Situationen Stellung nehmen.

Anhand der Frage nach Nacktsein und Angezogensein bzw. nach Berufskleidung oder Jogginghose wird auf die Bedeutung und Wirkung von Kleidung eingegangen.

### 6. Baustein: Um jeden Preis – Fitness und Doping

M1.18 »Das machen nicht nur Proleten«
M1.19 »Fitnesskörper«
M1.20 »Ich war total besessen«
M1.21 »Ich dachte, ich verfaule.«

- 1 Kor 6,19 f.: »Mein Körper gehört Gott? Was heißt denn das?! … Oder wisst ihr nicht, dass Euer Körper ein Tempel des Heiligen Geistes ist? Darum lobt Gott mit Eurem Körper!«
- 2 Kor 12,9: »Meine Gnade reicht. Meine Kraft ist gerade bei den Schwachen kräftig.« – »Vielleicht ist es ja anders als ich denke? Schwäche ist Stärke und Stärke Schwäche. – In meiner Schwäche bin ich stark.«

**Ziel:**

Die Schülerinnen und Schüler können die Gefahren von Doping im Sport/Fitnessbereich benennen und sich kritisch mit ihnen auseinandersetzen.

Anhand eines einführenden Textes wird das Thema umrissen, vertieft im Anschluss durch drei Erfahrungsberichte junger Männer. Diese können arbeitsteilig in Gruppen bearbeitet werden, sodass alle drei Perspektiven von Dopenden, Produzenten und Geschädigten eingebracht werden. Die Fragen sind deswegen parallel formuliert.

**Literatur**

Caroline Teschmer: Körperlichkeit als Herausforderung einer zeitgemäßen Religionspädagogik, in: forum erwachsenenbildung, Ausgabe 4/2016, 49. Jahrgang, https://www.waxmann.com/index.php?eID=download&id_artikel=ART102041&uid=frei&x=forum.pdf.

Ethik macht Klick. Werte-Navi für's digitale Leben. Arbeitsmaterialien für Schule und Jugendarbeit, ³2018, https://www.klicksafe.de/fileadmin/media/documents/pdf/klicksafe_Materialien/Lehrer_LH_Zusatz_Ethik/LH_Zusatzmodul_medienethik_klicksafe_gesamt.pdf.

Bernd Schröder: Die Schülerinnen und Schüler im BRU, in: Religionsunterricht an berufsbildenden Schulen. Ein Handbuch, hrsg. von Roland Biewald, Andreas Obermann, Bernd Schröder u. a., Göttingen 2018, 134–163.

Themenheft Gender, Zeitschrift für Pädagogik und Theologie 72 (2020): Heft 1, Berlin 2020.

Labor Ateliergemeinschaft: Ich so Du so, Weinheim/Basel 2017.

Caroline Criado-Perez: Unsichtbare Frauen. Wie eine von Daten beherrschte Welt die Hälfte der Bevölkerung ignoriert, München 2020.

… denn er schuf ihn als Mann und Frau. Gender im Religionsunterricht und in der Konfirmandenarbeit. rpi-impulse 2/2015, https://www.rpi-ekkw-ekhn.de/fileadmin/templates/rpi/normal/material/rpiimpulse/Gesamt_PDFs/RPI_Impluse_2-2015.pdf.

Seele, entwurf 2 (2011), 2011.

Sybille Neumann: Bilder unter der Haut. Tattoos als Thema im Religionsunterricht, in: rpi-impulse 4/2019, 27–29, https://www.rpi-ekkw-ekhn.de/fileadmin/templates/rpi/normal/material/rpiimpulse/2019/heft_4/Artikel/RPI_Impluse_4-2019_15_Bilder_unter_der_Haut.pdf.

## M 1.1 Was ist schon normal?!

nor|mal, *Adjektiv*

**Bedeutung:**
- Der Norm entsprechend, vorschriftsmäßig
- So [beschaffen, geartet], wie es sich die allgemeine Meinung als das Übliche, Richtige vorstellt
- (veraltet) in [geistiger] Entwicklung und Wachstum keine ins Auge fallenden Abweichungen aufweisend
- Vorhandenen (gesellschaftlichen, wissenschaftlichen, medizinischen, subjektiv erfahrenden) Normen entsprechend
- Über längere Zeiträume ähnlich ablaufendenden Ereignissen entsprechend; normalerweise
- Mathematik: im rechten Winkel/orthogonal

**Herkunft:**
Seit Anfang des 18. Jahrhundert nachgewiesen, von lateinisch *normalis* »nach dem Winkelmaß, nach der Regel gemacht«, spätlateinisch »nach der Regel«.

**Um 1800** war es für Kinder in Europa, die nicht adelig waren, normal zu arbeiten, statt zur Schule zu gehen. Fabrikarbeit für unter Neunjährige wurde in Preußen erst 1839 verboten!

**In den 1930er Jahren** war es hier noch erlaubt und üblich, dass Lehrer ihre Schüler hauen.

Ronile/pixabay

**In den 1950er Jahren** hatten viele Wohnungen in Deutschland noch kein Badezimmer – zum Baden hat man einen Waschzuber gefüllt oder ist in eine Badeanstalt gegangen.

**1971** wurden in Deutschland zum ersten Mal Kiwis und Mangos präsentiert.

Das, was als normal gilt, ist von Menschen gemacht. Deswegen können wir es auch ändern.

Anke Kuhl, Alexandra Maxeiner, Jörg Mühle u. a. (Hg.): Ich so Du so, Weinheim 2017, 10 f. Beltz & Gelberg

---

1. Suchen Sie sich drei Schlagworte aus dem Text aus. Formulieren Sie anschließend eine Definition von »normal«, in der Sie Ihre drei Schlagworte verwenden.
2. Beschreiben Sie insgesamt 10 Dinge, die an Ihrem Leben »normal« bzw. außergewöhnlich sind. Dabei sollen beide Aspekte vorkommen.
3. Bennen Sie Eigenschaften und Dinge an sich und Ihrem Körper, die nicht in die Norm passen – und die Sie schön finden!

1. _____

2. _____

3. _____

## M 1.2 Herzauge

beauty_of_nature/pixabay

*Ein Mensch sieht, was vor Augen ist; der Herr aber sieht das Herz an.*

1. Samuel 16,7
Lutherbibel, revidiert 2017, © 2016 Deutsche Bibelgesellschaft, Stuttgart

1. Erklären Sie, was der Emoji mit Herzen als Auge ausdrücken soll.
2. Erklären Sie, was das obere Zitat aus der Bibel ausdrücken soll.
3. Vergleichen Sie den Emoji mit dem Bibelzitat.
4. Sie schicken ein Foto von sich an einen Freund/eine Freundin. Als Antwort bekommen Sie einen solchen Emoji zurück. Beschreiben Sie, was er oder sie damit ausdrücken möchte.
   Gedankenexperiment: Sie bekommen einen solchen Emoji als Antwort auf ein Foto zurück, auf dem ein Körperteil von Ihnen zu sehen war, das Ihnen an sich überhaupt nicht gefällt. Beschreiben Sie Ihre Reaktion.

### Wunderbar bist Du gemacht!

Psalm 139,14
Lutherbibel, revidiert 2017, © 2016 Deutsche Bibelgesellschaft, Stuttgart

# M 1.3 Spieglein, Spieglein an der Wand

*Die amerikanische Soziologin Kjerstin Gruys verzichtete ein Jahr lang auf Spiegel – und stärkte auf diese Weise ihr Selbstwertgefühl.*

**PSYCHOLOGIE HEUTE** *Der Spiegel ist ein selbstverständlicher Bestandteil unseres Alltags. Wir nehmen ihn kaum noch wahr. Was bewirkt das Spiegelbild?*

**KJERSTIN GRUYS** Als die Spiegel in unseren Alltag Einzug hielten – in den USA war das Ende des 19. Jahrhunderts – wurden wir fortan täglich mit unseren Makeln und Schwachstellen konfrontiert: mit unserer merkwürdigen Frisur, den dicken Oberschenkeln oder Hautunreinheiten. Zuvor waren wir uns dieser Schönheitsfehler weniger oder gar nicht bewusst gewesen. Sie machten uns dementsprechend wenig aus. Heute wiederum schauen wir laut amerikanischen Umfragen bis zu 71-mal pro Tag in den Spiegel. Das führt zu einer erhöhten Selbstobjektifizierung, das heißt: Wir nehmen uns weniger als individuelle Persönlichkeiten und stärker als Objekte wahr. [...]

Wissen Sie, grundsätzlich ist an einem Spiegel nichts auszusetzen. Allerdings kann die Art und Weise, wie wir ihn nutzen, negativ sein.

*PH Wollten sie deswegen ein Jahr lang auf Spiegel verzichten – weil Sie von ihnen zu oft Gebrauch machten?*

**KJERSTIN GRUYS** Es war komplizierter. Als mein damaliger Freund mir den Heiratsantrag machte, drohte mir ein Rückfall in frühere Essstörungen. Ausgerechnet in dem Moment, in dem ich mich hätte schön fühlen können, war ich unglücklich mit meinem Aussehen. Ich fühlte mich von der westlichen Hochzeitskultur unter Druck gesetzt und verrannte mich in den Gedanken, am Tag meiner Hochzeit perfekt aussehen zu müssen. In dem Buch *The Birth of the Venus* von Sarah Dunant las ich damals über Nonnen, die ihr Leben lang weder ihr Gesicht noch ihren Körper betrachten durften. Das Buch inspirierte mich, auf Spiegel zu verzichten. [...]

*PH Reflektierende Flächen sind überall. Wie konnten Sie diese meiden?*

**KJERSTIN GRUYS** Völlig richtig, mir war vor dem Projekt nicht bewusst, wie häufig wir ihnen im Alltag ausgesetzt sind. Darauf konnte ich mich nicht vorbereiten. Im Laufe des Jahres kam es mehrere Male vor, dass ich mit reflektierenden Fassaden nicht gerechnet hatte und meine Umrisse oder mein Gesicht verwaschen sah. Aber es ist ein Unterschied, sich in einer spiegelnden Fläche zu erkennen und sich tatsächlich darin zu betrachten. Ich habe mich hie und da gesehen, aber rasch gelernt, gleich wegzuschauen.

*PH Wie war die anfängliche Zeit ohne Spiegel?*

**KJERSTIN GRUYS** Ich muss gestehen, die ersten Wochen fielen mir sehr schwer. Ich war gehemmt und befangen. Sogar während meiner Arbeit. Dauernd machte ich mir Sorgen, dass die Leute hinter meinem Rücken darüber redeten, dass ich lächerlich aussah. Allerdings ging diese Phase relativ schnell vorbei. Ich realisierte, dass viele Leute mich darauf aufmerksam machten, wenn etwas nicht in Ordnung war. Wenn ich beispielsweise etwas im Gesicht hatte, ohne es zu merken. Ich lernte auch: Wenn niemand etwas sagt, gab es eigentlich keinen Grund, mir Sorgen um mein Erscheinungsbild zu machen. Ab da fühlte ich mich ruhiger und konnte mich wieder intensiv auf meine Arbeit konzentrieren. [...]

*PH Wie hat das Jahr ohne Spiegel Sie verändert?*

**KJERSTIN GRUYS** Ein unvollkommenes Erscheinungsbild beschäftigt mich heute nicht mehr in dem Maße wie früher. Ich erkannte, dass etwa das Tragen von Make-up oder eine perfekte Frisur keinen Einfluss darauf haben, wie meine Freunde, Familie und Kollegen mich behandeln. Vor dem Projekt nahm ich unbewusst an, dass ich bestmöglich aussehen musste, um von den Menschen in meinem Umfeld gut behandelt zu werden. Ich weiß nun, dass dies nicht der Fall ist. Und bin heute zufriedener und ruhiger im Umgang mit meinem Aussehen. Ich fühle mich wohler in meinem Körper und mache mir weniger Druck. Außerdem habe ich mir angeeignet, meinen Freunden und meiner Familie zu vertrauen, wenn sie mir Komplimente machen. Früher habe ich sie immer abgetan, weil ich mir eingeredet habe: Sie sind nur nett zu dir, sie meinen das nicht wirklich. Heute sage ich »Danke« und genieße die Worte. Aber die wichtigste Lektion des Jahres war für mich sicherlich die Erkenntnis, dass mein Aussehen nur ein geringer Teil meiner Identität

Praveen Raj/pixabay

ist. Und je kleiner dieser Teil ist, desto glücklicher bin ich. Ich arbeite daran, dass es so bleibt. [...]

**PH** *Das Aussehen mag nur einen geringen Teil unserer Identität ausmachen – aber es prägt unser soziales und berufliches Leben.*

**KJERSTIN GRUYS** In der Tat. Die Wirkung des Aussehens im Alltag ist mittlerweile vielfältig belegt. Von Forschern unterschiedlicher Disziplinen, etwa der evolutionären Psychologie und Soziologie. Unser Erscheinungsbild prägt unser Sozialleben – und zwar auf vorhersehbare Weise. In jedem Lebensalter und in fast allen sozialen Beziehungen und Interaktionen genießen attraktive Menschen Vorteile. Überdurchschnittlich gutaussehende Frauen verdienen zwölf Prozent mehr als durchschnittlich aussehende. Bei Männern ist der Effekt noch stärker: siebzehn Prozent. Gutaussehende Kriminelle bekommen weniger harte Strafen als andere.

**PH** *Kann eine Spiegelabstinenz generell helfen, sich von dem gesellschaftlichen Druck auf unser Aussehen ein Stück weit zu befreien?*

**KJERSTIN GRUYS** Grundsätzlich rate ich Menschen mit Essstörungen davon ab, auf den Spiegel zu verzichten. Sie sollten zumindest zuerst einen Arzt oder Therapeuten konsultieren. Anderen, die unzufrieden sind, würde ich tatsächlich empfehlen, ein paar Tage lang auf Spiegel zu verzichten, vielleicht sogar mehrere Wochen. Ich halte Spiegelfasten für einen großartigen Weg, um herauszufinden, wie stark unsere Identität und unser Selbstbewusstsein mit unserem Aussehen verknüpft sind, und das zu ändern. Das kann den kulturellen Druck zumindest mindern.

**PH** *Hat das Jahr ohne Spiegel neue Forschungsfragen aufgeworfen, denen Sie in Zukunft nachgehen möchten?*

**KJERSTIN GRUYS** Sicherlich. Ein Thema meiner Forschung ist die Rolle des Aussehens am Arbeitsplatz. Ich will unter anderem erforschen, wie Frauen sich durch die übermäßige Sorge um ihr Aussehen selbst zurückhalten. Ich möchte herausfinden, wie sich unser Körperschema auf unseren Arbeitserfolg auswirkt. Sind Frauen erfolgreicher im Beruf, wenn sie dazu ermutigt werden, sich weniger um ihr Aussehen zu sorgen? Meine Vermutung lautet: ja.

»Das Aussehen ist nur ein geringer Teil meiner Identität«: Ein Gespräch mit Kjerstin Gruys. Psychologie Heute Compact 38, 9/2014: Ich bin okay!, 28 f.

1. Kjerstin Gruys sagt, dass ihr Aussehen nur ein Teil der eigenen Identität ausmache. Wie empfinden Sie das bei Ihnen selbst? Benennen Sie weitere Dinge außer Ihrem Aussehen, die Ihre Identität ausmachen.
2. Von Kjerstin Gruys stammt auch der Tipp »Gut genug ist gut genug«. Wo könnte es bei Ihnen Dingen an Ihrem Körper geben, die bereits »gut genug« sind (auch wenn sie sich vielleicht anders anfühlen)?
3. Selbstversuch: Testen Sie eine Woche lang aus, wie es ist, ohne Spiegelbild zu leben. Wenn es nicht 100 % gelingt, versuchen Sie stattdessen, so häufig wie möglich auf den Blick in den Spiegel zu verzichten. Berichten Sie in der nächsten Unterrichtsstunde von Ihren Erfahrungen.

## M 1.4 Fürs Selfie unters Messer

**Soziale Medien und der Boom der Schönheits-OPs**

Wer mit seinem Gesicht unzufrieden ist, handelt. In den USA gilt das inzwischen auch für Teenager. Der Druck kommt jetzt von Facebook & Co.

Der Gedanke an ihre Hochzeitsfotos hat Carilee Dahl jahrelang den Schlaf geraubt. Zwar gibt es die Fotos noch nicht; es mag auch eine Weile dauern, bis sie entstehen. Carilee ist 17, und einen Freund hat sie nicht. Der Grund allen Übels, davon ist Carilee überzeugt: ihre Nase. Die sei viel zu breit gewesen, sagt sie. »Ich wusste: Meine Nase würde mich auf meinen Hochzeitsbildern für den Rest meines Lebens stören.« Deshalb hat sich Carilee ihre Nase operieren lassen. Und kann sich jetzt wieder auf ihre Hochzeit freuen.

Carilee Dahl ist ein ganz normaler Teenager in Amerika. Sie sitzt mit gekreuzten Beinen auf der üppig gepolsterten Couch im Haus ihrer Eltern in einer ruhigen Straße im amerikanischen Vorstadtland. Sie ist ein hübsches Mädchen mit rundem Gesicht; die braunen Haare hat sie zu einem vogelnestartigen Dutt gebunden, die Augen sind gerahmt von tuschegesättigten Wimpern. Sie spielt Fußball, sie tanzt, sie geht gerne mit ihren Freundinnen shoppen – und sie mag ihr iPhone und Onlinesein. Nur eins mochte sie nicht: »Ich habe früher nie Selfies gemacht«, erzählt Carilee. »Und ich habe manchmal geheult, wenn ich Fotos von mir gesehen habe, wegen dieser scheußlichen Nase.« Sie stellte kein einziges Bild von sich ins Internet, und ihre Profilfotos waren stets Kätzchen. »Jetzt schaue ich mich gerne auf Fotos an. Manche Leute sagen mir, dass ich hübsch aussehe. Und auch die Jungs reden öfter mit mir.« Das mag an der neuen Nase liegen – oder auch an Carilees Freude darüber.

Carilee Dahl ist ein ganz normaler Teenager, und seit ihrer OP auch eine Trendsetterin. Nach einer Erhebung der Amerikanischen Akademie für Plastische und Wiederherstellende Gesichtschirurgie (AAPFRS) werden Patienten für Schönheitsoperationen in den USA immer jünger. Die Mehrzahl der befragten plastischen Chirurgen hat in den vergangenen Jahren einen deutlichen Anstieg ihrer Patienten unter 30 beobachtet. Der beliebteste Eingriff bei dieser Altersgruppe: die Nasenkorrektur, der »Nose Job«. […]

Eine Umfrage unter amerikanischen Schönheitsärzten zeigt: Soziale Medien wie Facebook, die Fotoplattform Instagram, die virtuelle Pinnwand Pinterest oder die iPhone-App Selfie.im – fast alle bildorientiert – spielen eine immer wichtigere Rolle für die Entscheidung junger Menschen, sich per Skalpell oder Spritze für ihren Auftritt im Internet aufpolieren zu lassen. Soziale Medien sind zu Maßstäben des Selbstbildes geworden, zu Messlatten des Vergleichs, zu Währungsrechnern im Wettbewerb um Jugend, Schönheit und Schaffenskraft.

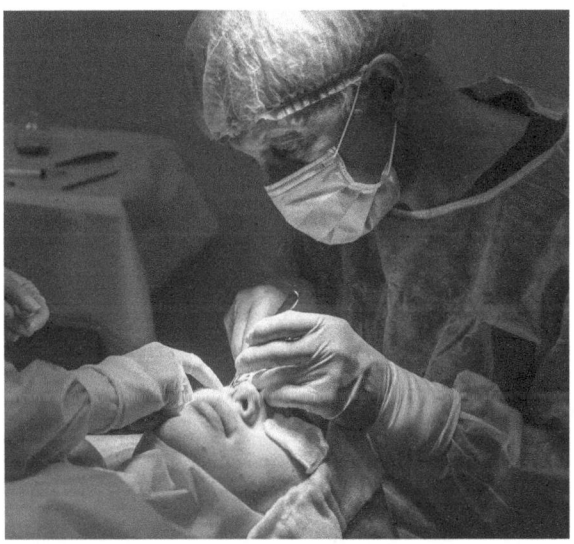

Olga Guryanova auf Unsplash

Louis DeJoseph ist plastischer Chirurg in Atlanta im Bundesstaat Georgia und hat Carilees Nase operiert. »Carilee wusste, was sie wollte«, sagt DeJoseph, 42, der eine kleine Nickelbrille in einem freundlichen Gesicht trägt. »Eine etwas elegantere Nase, aber immer noch ihre eigene.« Tatsächlich ist Carilees neue Nase eine erwachsenere Version der alten und fügt sich wie selbstverständlich in ihr Gesicht.

Soziale Medien sind jung; Facebook startete 2004. Plastische Operationen gab es bereits im alten Ägypten und antiken Rom. In der weniger fernen Vergangenheit waren es die großen Kriege des 20. und 21. Jahrhunderts, die der Disziplin einen Schub gaben, wenn Ärzte die verbrannten, zerfetzten, zerschossenen

Gesichter und Körper von Soldaten und Zivilisten rekonstruierten.

Die kosmetische Chirurgie ist der lukrative Zwilling der plastischen Chirurgie, und Bilder waren von Beginn an ihr kraftvollstes Vehikel: bewegte und unbewegte Bilder, deren Botschaften die Fertigkeiten der plastischen Chirurgen zu einer gefragten Dienstleistung auf dem Weltmarkt der Eitelkeiten machten – von Hollywood über das Fernsehen bis YouTube, vom Pin-up bis zu Pinterest. [...]

Kenneth »Ken« Neufeld – schmal, große Augen und ein Blick zwischen forsch und fragend – ist plastischer Augenchirurg bei der »Thomas Eye Group« in Atlanta, einer 1974 gegründeten Ärztegemeinschaft mit ambulanter Augenklinik. Ein Teil seiner Patienten sucht medizinische Hilfe nach Verletzungen, bei Fehlbildungen oder Tumoren. Der andere Teil kommt für kosmetische Eingriffe.

Auch Neufeld erfährt in seiner Praxis die anschwellende Kraft der sozialen Medien, vor allem bei jüngeren Patienten. »Sie vergleichen sich permanent mit anderen oder mit den Bildern von anderen. Das tröpfelt stetig und diffus in ihre Psyche ein.« Sie vergleichen Augen, Nase, Lippen, Falten, Haut und Haare, tatsächliches, geschätztes und gefühltes Alter. Ihre Geschichten seien fast immer die gleichen, sagt der 42-jährige Arzt: Sie sehen sich auf Fotos, und sie mögen nicht, was sie sehen. »Da baut sich ein enormer Druck auf, und der treibt viele Patienten dazu, Erleichterung in kosmetischen Eingriffen zu suchen.«

Neufeld verurteilt das nicht; schließlich ist es Teil seines Geschäfts. Aber er operiert nur, wenn er die Wünsche der Patienten für nachvollziehbar hält und deren Erwartungen für realistisch. Und deshalb kommt es vor, dass er potenzielle Patienten auch wieder nach Hause schickt. Häufig, nicht immer, sind das jüngere Menschen. »Einige von ihnen sehen etwas, was ich nicht sehe«, sagt Neufeld. Augäpfel, die angeblich hervortreten; Augenbrauen, die vermeintlich asymmetrisch sind; Tränensäcke, die nicht existieren. »Bei diesen Patienten ist für mich klar: keine Operation.« Weil sie etwas suchten, was er nicht liefern könne. »Sie brauchen einen Psychiater, keinen Chirurgen.«

Manchmal allerdings, räumt er ein, seien die Grenzen schwimmend zwischen medizinischen und kosmetischen Behandlungen. Und manchmal, vor allem bei Jugendlichen, erscheint die Sehnsucht nach dem Skalpell vielleicht nur auf den ersten Blick absurd. Aus der Umfrage unter amerikanischen Schönheitschirurgen geht hervor, dass Mobbing das zentrale Motiv für Patienten im Teenageralter ist – viele lassen sich als Reaktion auf Mobbing operieren; oder, um gar nicht erst zu einem Mobbing-Opfer zu werden.

Neufeld bricht seinen Satz ab, hält inne, setzt neu an. Natürlich wäre es ideal, sagt er, »wenn ein Kind, ein Jugendlicher lernen könnte, den Spott über einen Makel auszuhalten, daran zu wachsen und stärker daraus hervorzugehen«. Aber es sei eben auch so, dass kosmetische Operationen das Selbstbewusstsein stärken – und deswegen hilfreich sein könnten. »Wie tief muss das Augenlid hängen, wie krumm muss die Nase sein, um einen Eingriff zu rechtfertigen?« Er zuckt mit den Schultern. »Ich weiß es nicht.« [...]

Katja Ridderbusch: Soziale Medien und der Boom der Schönheits-OPs, Tagesspiegel, 01.11.2014, https://www.tagesspiegel.de/politik/fuers-selfie-unters-messer-soziale-medien-und-der-boom-der-schoenheits-ops/10916270.html

1. Beschreiben Sie Carilees Gründe für ihre Nasen-OP.
2. Erklären Sie den Einfluss sozialer Medien auf die Wünsche Jugendlicher, sich für die eigene Schönheit unters Messer zu legen.
3. Beurteilen Sie die Aussage des plastischen Chirurgen Neufeld, der meint, dass es ideal sei, »wenn ein Kind, ein Jugendlicher lernen könnte, den Spot über einen Makel auszuhalten, daran zu wachsen und stärker daraus hervorzugehen«.
4. Veranstalten Sie in Ihrer Lerngruppe eine Diskussionsrunde zu Schönheits-OPs. Folgende Rollen können dabei vorkommen: Schönheitschirurg, Jugendliche, die über eine Schönheits-OP nachdenkt, Mutter oder Vater, Freund*in, eine bereits operierte Person, Politiker.

## M 1.5 Für mehr Selbstliebe unters Messer?

*Louisa Dellert, Jahrgang 1989, ist Bloggerin und Influencerin. Als gelernte Kauffrau für Bürokommunikation schreibt sie mittlerweile auf ihrem Blog über Nachhaltigkeit, Umweltschutz und Politik, aber auch über die Frage nach der Liebe zu sich selbst.*

Früher dachte ich, dass die Beweggründe seine Brüste vergrößern oder die Nase verkleinern zu lassen oberflächlicher Art sind. Schönheits-OPs, weil man danach besser aussieht. Mehr als 200.000 Menschen legen sich pro Jahr unters Messer. Vor zwei Jahren hätte auch ich beinahe dazugehört. Ich persönlich habe mich im letzten Moment gegen eine Schönheits-OP entschieden – was aber nicht bedeutet, dass ich Menschen verurteile, die etwas an ihrem Körper verändern lassen. Vielmehr kann ich ihre Gefühle, Ängste und Zweifel nachempfinden, weil ich selbst mal so gefühlt habe. Alles begann in meinem Kopf, als mein damaliger Freund mir gestand, dass er meine Brüste zu klein findet. In diesem Moment war ich noch nicht so sehr in mir selbst angekommen, dass ich über diese Aussage hätte hinweg sehen können. Sie belächelt hätte. Einmal tief ein- und ausgeatmet hätte und ihm selbstbewusst gesagt hätte, dass ich so bleibe wie ich bin. Stattdessen ernährte ich den stumpfen Schlag, der sich in meine Magenkuhle festsetzte. Der Schmerz nach dem Satz »Ich finde deine Brüste zu klein« war nicht auszuhalten. Ich weinte, schämte mich nackt vor meinem Freund rumzulaufen und fasste jede halbe Stunde meine Brüste an, weil ich Angst hatte, sie könnten noch kleiner werden.

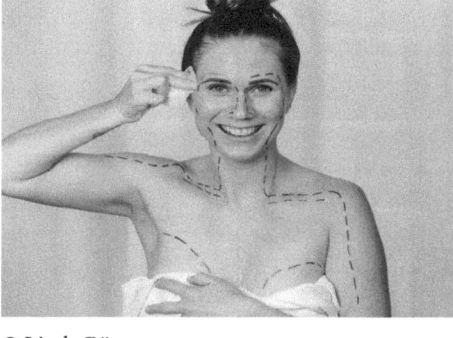

© Linda Böse

Als der Schmerz nicht mehr auszuhalten war, entschied ich mich für ein Gespräch bei einem Experten. Ich wollte nicht für mich besser aussehen, sondern für meinen Freund. Ich wollte wieder nackt und selbstbewusst vor ihm stehen können und das Gefühl bekommen, dass ich mit größeren Brüsten genug für ihn bin. Hört sich echt komisch an, oder? Ich wollte diese OP nicht der Brüste wegen. Ich wollte sie, um mich selbst lieben zu können. An Selbstbewusstsein dazu zu gewinnen. Und um endlich wieder Sex mit meinem Freund genießen zu können. Ich reduzierte mich auf meinen Körper.

Ich dachte also, dass ich und andere mich nur lieben können, wenn ich größere Brüste habe. Nach dem Gespräch in der Schönheits-Chirurgie kullerten mir die Tränen die Wangen hinunter. Eigentlich hätte ich mich befreit fühlen sollen. Pralle Brüste, die mir ein schöneres Leben versprechen sollten. Aber es ging nicht. Ich konnte diesen Gedanken einfach nicht mit mir vereinbaren. Es fühlte sich falsch an. Schließlich hatte ich bisher meine Brüste so akzeptiert wie sie waren. Klein aber fein. Schließlich sollte es in einer Beziehung nicht nur auf das Äußere ankommen. Ich wollte diese OP nicht auf mich nehmen. Nicht für andere Menschen. Nicht für mehr Selbstliebe. Die hatte ich nämlich genau in diesem Moment auch ohne eine OP dazubekommen. Ich reflektierte mich. Fühlte mich gut dabei und entschied mich meinen Körper so zu lassen, wie er auf die Welt gekommen ist. Halleluja tat das gut.

Louisa Dellert: Mehr Selbstliebe durch Schönheits-OP's?, 20.10.2017, https://www.louisadellert.com/mehr-selbstliebe-durch-schoenheits-ops

1. Beschreiben Sie Louisa Dellerts Gründe für ihren Wunsch nach einer Brust-OP.
2. Erklären Sie, warum Louisa Dellert sich nach dem Gespräch beim Schönheitschirurgen doch dagegen entschieden hat.
3. »Halleluja tat das gut.« Beurteilen Sie diesen Satz.
4. Verfassen Sie einen Kommentar zum Blogeintrag von Louisa Dellert.

# M 1.6 Ich bin ziemlich groß

1. Formulieren Sie, wie der Autor seine eigene Größe wahrnimmt.
2. Arbeiten Sie heraus, wie er mit den Reaktionen von anderen Menschen auf seine Größe umgeht.
3. Beschreiben Sie, wie Sie selbst Ihre Größe wahrnehmen.
4. Zeichnen Sie zwei Bilder von sich: eines, wie Sie selbst sich (in Bezug auf ihre Größe oder eine andere Eigenschaft) fühlen – eines, wie andere sie wahrnehmen.
5. Entwickeln Sie Möglichkeiten, wie Sie mit Reaktionen von anderen Menschen auf ihre Größe (oder die andere Besonderheit an Ihnen) umgehen könnten.

Anke Kuhl, Alexandra Maxeiner, Jörg Mühle u. a. (Hg.):
Ich so Du so, Weinheim 2017, 110 f. Beltz & Gelberg

## M 1.7 David gegen Goliath

*Bei der Handball-WM 2020 ging ein Bild um die Welt: Dainis Kristopans aus Lettland, 2,15 m groß im Zweikampf mit dem 1,73 m kleinen Holländer Luc Steins. 42 cm und ca. 60 kg liegen zwischen den beiden. Der Lette Kristopans ist aber nicht nur wegen seiner Körpergröße gefürchtet, er wird aufgrund seiner Leistungen auf seiner Position im rechten Rückraum zu den besten Handballern der Welt gezählt.*

*In einigen Kommentaren wurde dieser Zweikampf mit »David gegen Goliath« verglichen.*

*Die Bezeichnung David gegen Goliath geht auf eine alte Geschichte zurück:*

David ist der jüngste und kleinste seiner Geschwister. Während seine Brüder in den Krieg ziehen, bleibt er zu Hause beim Vater und hütet brav die Schafe der Familie. Eines Tages soll er seinen Brüdern Essen aufs Schlachtfeld bringen. Diese kämpfen gegen die Philister, die Feinde der Israeliten, zu denen David und seine Familie gehören. Aufseiten der Philister steht Goliath, ein Riese von einem Mann, überdimensional groß – und sich seiner Größe und Stärke durchaus bewusst. Er schaut von oben herab. In echt. Und bildlich gesprochen. Die Israeliten lacht er aus und fordert sie höhnisch zum Kampf auf. Dass das Heer Israels da ganz klein wird und zurückschreckt, ist klar.

Doch der unerfahrene David will das nicht auf sich sitzen lassen. »Hört Ihr denn gar nicht, dass er uns und damit auch Gott, der auf unserer Seite steht, lächerlich macht!? Das darf nicht sein!«. Den größeren Brüdern ist diese Szene peinlich. Doch Saul, der König, hat ebenfalls davon Wind bekommen. Er ruft David zu sich.

Während David wild entschlossen ist, gegen Goliath ins Feld zu ziehen, will Saul ihn davon abhalten. Zu klein. Zu unerfahren. Zu kampfunerprobt. Zu aussichtslos die Lage. Aber David lässt nicht locker. Er, der kleine, der unerfahrene, der nur die Schafe hütete bis jetzt, er musste gerade beim Schafe hüten schon mit den verschiedensten Gefahren kämpfen. Wilde Tiere wie Löwen oder Bären. Da wird doch wohl so ein Philister-Riese zu schlagen sein!?

picture alliance/ASSOCIATED PRESS | Ole Martin Wold

Mit Gottvertrauen und Gott im Rücken will David es angehen. Er weiß, dass er kleiner und schwächer und unerfahrener ist. Er weiß aber auch, dass er mit Gott an seiner Seite nicht alleine kämpft.

Was soll Saul da noch sagen? Er lässt ihn schließlich gehen. Aber nicht, bevor er ihm nicht noch die beste Rüstung anzieht mit Helm und Brustpanzer und Schwert. So ausgestattet, versucht David zu gehen. Kein Erfolg. Nicht mal zum Tragen einer Rüstung reicht seine Kraft und gewohnt ist er es obendrein nicht. Er zieht sie wieder aus und nimmt nur seinen Stock und fünf kleine Steine aus dem Bach. Zusammen mit seiner Schleuder steckt er sie in die Tasche.

So tritt der kleine David dem großen Goliath entgegen. David gegen Goliath. Laut losgelacht wird Goliath haben. Was will der Winzling von mir? Verachtung ist das Einzige, was Goliath für David übrig hat. Klein. Mickrig. Schwach. Kein echter Mann. Er droht David. Doch David ruft: »Ja, Du hast Schwerter und Waffen, aber ich komme mit Gott im Rücken. Er wird mir helfen, sodass ich als Gewinner aus unserem Kampf hervorgehen werde. Unser Gott rettet nicht durch große, kräftige und gefährliche Waffen, sondern er siegt auf andere Weise!« Das macht Goliath nur noch wütender. Er geht auf David los, will ihn in den Schwitzkasten nehmen und mit einem Schlag umwälzen. Doch blitzschnell und flink greift David seine Schleuder und einen Stein und – zisch – trifft er Goliath am Kopf. Der Stein durchschlägt seine Stirn. Goliath ist auf der Stelle tot. Nur mit Stein und Schleuder war David stärker als sein größter Feind. Er besiegte ihn. Aber ohne Schwert.

1. Beschreiben Sie, welche »Größe« David zum Sieg verholfen hat.
2. Vergleichen Sie Davids Situation mit der Situation bei der Handball-EM 2020.
3. Vergleichen Sie Davids Situation mit einer Situation, die Sie selbst erlebt haben.

# M 1.8 Besuch von Tante Rosa

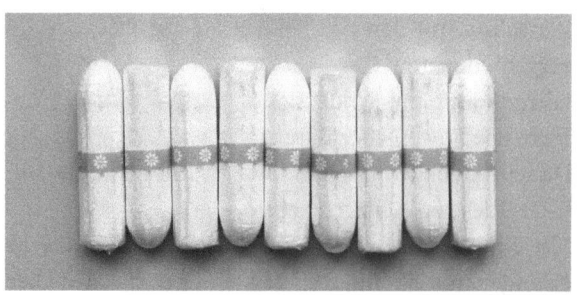

Natracare on Unsplash

> Männer führen Kriege aus Menstruationsneid: Sie wollen auch mal bluten.

> Erdbeerwoche

Jeden Monat aufs Neue ist sie da. Ganz plötzlich über Nacht. Beim Gang auf die Toilette zwischen Mathe- und Deutschunterricht. Manchmal angekündigt durch Bauch- oder Rückenschmerzen oder schlechte Laune. Mal völlig unerwartet und viel zu früh.

Jede Frau kennt sie: die Tage. Periode. Besuch von Tante Rosa. Die rote Woche. Menstruation. Erdbeerwoche. Matsch vorm Tor. Rote Welle.

Mal stärker, mal schwächer, aber immer mit Einschränkungen beim auf die Toilette gehen, Sport machen, baden, unterwegs sein. Regelmäßig braucht frau eine Toilette, um Slipeinlagen, Binden oder Tampons zu wechseln.

Die Menstruation gehört zum Frau-Sein dazu. Ohne Menstruation gäbe es keine Schwangerschaft und keine Kinder.

Und gleichzeitig ist die Menstruation eines der großen Tabus. Darüber wird nicht gesprochen, und wenn, dann nur hinter vorgehaltener Hand oder mit Witzen. Verniedlichende Namen umschreiben den natürlichen Vorgang, der alle Frauen betrifft. Laut Umfragen fühlen sich Mädchen beim Einsetzen der Periode eher verunsichert oder finden es unangenehm, manche schämen sich.

In vielen Religionen gibt es spezielle Regeln, wie sich menstruierende Frauen verhalten sollen. Meist müssen sie sich für einen gewissen Zeitraum von der Gesellschaft fernhalten. Das hatte und hat v. a. auch hygienische Gründe. Seit der Erfindung von Tampons oder Binden – was in vielen Teilen der Welt auch heute noch keine Selbstverständlichkeit ist – können Frauen auch mit Menstruation leichter am Alltag teilnehmen.

Menstruation gehört dazu. Wie Klopapier oder Taschentücher. Und doch wurden Hygieneartikel für Frauen in Deutschland bis 2019 als sog. »Luxusgüter« versteuert. Für sie fiel nicht der ermäßigte Steuersatz von 7 % an, sondern 19 %. Zum Vergleich: Für Trüffel, Kaviar oder Schnittblumen sind nur 7 % Steuer zu entrichten. So müssen Frauen durch den erhöhten Steuersatz nicht nur die Kosten für ihre Hygieneartikel tragen, sondern oben drauf noch höhere Steuern.

Gegen diese Benachteiligung von Frauen wurde unter dem Stichwort »Die Periode ist kein Luxus« eine Petition ins Leben gerufen, die schließlich erfolgreich war: Der Steuersatz für Tampons und Binden wurde im Jahr 2019 auf 7 % gesenkt. Dabei geht es den Initiatorinnen der Petition nicht nur um die Tamponsteuer: Sie möchten insgesamt auf die Diskriminierung von Frauen aufmerksam machen.

> Warum bluten Frauen einmal im Monat? – Weil sie es nicht anders verdient haben!

> Die Periode ist kein Luxus.

1. Informieren Sie sich über die Periode bei Frauen (Häufigkeit, Dauer, Menge an Blutverlust, …).
2. A: Sie haben Schnupfen, aber kein Taschentuch dabei. Deswegen müssen Sie Ihre Freundin um ein Taschentuch bitten.
   B: Sie (oder Ihre Freundin) haben überraschend Ihre Tage bekommen – und keinen Tampon dabei. Deswegen müssen Sie eine Freundin um einen Tampon fragen.
   Beschreiben Sie, wie Sie sich in diesen Situationen verhalten bzw. spielen Sie die Szene nach.
3. Nehmen Sie Stellung zu den Aussagen/»Witzen« in den Sprechblasen.

## M 1.9 »Ich verhülle meine Haare, nicht mein Gehirn«

*Berrin Ileri (46) arbeitet als Frau im IT-Bereich. Auf die Frage, woher sie kommt, antwortet sie »Berlin!« – die Stadt, in der sie geboren wurde und aufwuchs. Ihre Eltern stammen aus der Türkei. Als gläubige Muslimin trägt sie seit einigen Jahren Kopftuch. Im Gespräch berichtet sie über ihre Erfahrungen, Beweggründe und Überlegungen.*

**CK** *Berrin Ileri, Sie erzählen immer wieder von Erlebnissen und Erfahrungen, die Sie durch das Tragen eines Kopftuches machen. Welche Reaktionen sind Ihnen schon begegnet?*

**BERRIN ILERI** Es gibt ganz unterschiedliche Reaktionen auf mein Kopftuch. Viele Menschen begegnen mir sehr aufgeschlossen. Das sind Menschen, die von Grund auf offen sind. Es gibt in Deutschland viele, die dich verstehen wollen.

Eine zweite Gruppe sind fremde Personen, die dich nie kennenlernen werden und auch nie kennenlernen wollen. Solche Menschen treffe ich in der U-Bahn, auf der Straße. Bei ihnen merke ich schon an ihrem Verhalten, dass sie voreingenommen sind. Sie nehmen sich das Recht heraus, mich anders zu behandeln als andere Menschen. Z. B. vermeiden sie es, sich auf den Platz neben mir in der Bahn zu setzen. Sie mustern mich von oben bis unten, machen abfällige Bemerkungen. Manchmal sprechen sie über mich, als ob ich kein Deutsch könne. Einmal hat mich ein Mann gefragt, ob ich das Buch überhaupt verstünde, das ich da gerade lese. Ein anderer war ganz überrascht, dass ich mir meinen Mann selbst aussuchen durfte. Immer wieder höre ich »Du sprichst aber gut deutsch!?«. Kopftuch wird mit dumm gleichgesetzt. Ich sage aber immer: »Ich verhülle meine Haare, nicht mein Gehirn«.

Eine dritte Gruppe ist zwischendrin. Sie sind zwar voreingenommen, aber sie können ehrlich zugeben, dass sie aufgrund meines Kopftuches eine andere Person erwartet hätten als die, die sie im Gespräch erleben. Meine Erfahrung ist hier, dass sie die ersten fünf Minuten irritiert sind, danach sehen sie dich als Mensch, aber nicht mehr das Kopftuch.

**CK** *Allein das Tragen eines Kopftuches scheint also schon zu Reaktionen zu führen. Welche Gründe könnte es aus Ihrer Sicht dafür geben?*

Diamantino Santos/pixabay

**BERRIN ILERI** Das Kopftuch macht Religion präsent. Die allermeisten Gebote im Islam betreffen den persönlichen Bereich. Aber das Kopftuch fällt auf, weil es sichtbar ist. Die vielen anderen Gebote fallen nicht auf, weil sie nicht öffentlich sind. Häufig wird der Islam auf »das Tuch« reduziert. Aber er umfasst viel mehr als dieses eine Gebot.

Trotzdem merke ich, dass eine Kopftuch tragende Frau Reaktionen auslöst. Denn wenn ich eine Frau mit Kopftuch sehe, stellt das Anfragen an mich selbst und meine Person: Durch das Auftreten des anderen, des Fremden, werden meine eigenen Überzeugungen herausgefordert. Das passiert bei Nicht-Muslimen, aber z. B. auch bei muslimischen Frauen, die *kein* Kopftuch tragen. Denn es gibt auch Frauen, die Muslimin sind, die aber kein Kopftuch tragen. Das Kopftuch spiegelt nicht die Tiefe des Glaubens wider.

**CK** *Für was steht das Kopftuch dann bei Ihnen?*
**BERRIN ILERI** Ich werde das ganz oft gefragt. Der Hauptgrund für mich ist, weil es Gottes Gebot ist.

Somit ist es ein Teil der religiösen Praxis. Mein Leben hat eine Basis, eine religiöse Basis. Menschen, die diese Grundidee nicht teilen, für die wird es schwierig zu erklären, warum ich ein Kopftuch trage.

Religion ist für mich wie eine Pflegeanleitung. Bei technischen Geräten kennen wir es, dass derjenige, der das Gerät gemacht hat, Anweisungen und Hilfen gibt, wie es möglichst lange und gut hält. Bei der Religion ist es aus meiner Sicht ähnlich: Gott hat mich geschaffen, er weiß, was gut für mich ist und hat uns in den Geboten eine Art Betriebsanleitung mitgegeben. Und so hat er auch dieses Gebot gegeben.

Ich habe mich mit 30 dazu entschieden, ein Kopftuch zu tragen. Danach hatte ich das Gefühl eines inneren Friedens und einer Zufriedenheit, dass ich mein Leben wieder ein Stück mehr an Gottes Geboten und an meiner Religion ausgerichtet habe. Genauso wie ich das Gebot »Du sollst nicht lügen« umsetze, trage ich nun Kopftuch. Das Ganze war ein Prozess, eine Entwicklung, bei dem ich mich am Ende sehr wohlgefühlt habe.

**CK** *Wenn es ein Gebot Gottes ist – was macht dieses Gebot dann für einen Sinn?*

**BERRIN ILERI** Dieses Gebot hat wie alle Gebote Gottes einen Sinn: Beim Kopftuch ist für mich das Grundlegendste, dass jeder Mensch eine Grenze hat. Für mich ist das meine Grenze, wie viel ich von meinem Körper zeige und ab wo meine Privatsphäre anfängt.

Ich weiß allerdings nicht und kann es mir nicht erklären, warum das Kopftuch so negativ besetzt ist. Auch wenn es öffentlich sichtbar ist, gehört das Kopftuch für mich zum Bereich der Privatsphäre. Dekolleté und Haare gehören zum Körper dazu, es geht um das Gesamtkonzept. Was ich interessant finde ist, dass die muslimische Frau die einzige Person auf der Welt ist, die sich für ihre Kleidung rechtfertigen muss.

Dabei ist das Thema Bekleidung und Bedeckung ein ganzheitliches Konzept im Islam – und zwar eines, das sowohl für Männer als auch für Frauen gilt. Dabei jeweils unterschiedlich ausgeprägt. Das Kopftuch ist nur ein Teil dieses Konzeptes. D.h., nur weil eine Frau kein Kopftuch trägt, ist sie ja nicht gleich nackt.

**CK** *Auch wenn dieses Konzept der Bedeckung des Körpers für beide Geschlechter gilt, wird trotzdem nur auf das Kopftuch eingegangen. Es wird immer wieder das Argument angebracht, dass das Kopftuch ein Zeichen für die Unterdrückung der Frau sei. Was denken Sie dazu?*

**BERRIN ILERI** Warum es als Symbol der Unterdrückung angesehen wird, kann ich mir nicht erklären. Auch Nonnen tragen eine Kopfbedeckung, dort wird es ganz anders gesehen.

Ja, es gibt viele muslimische Menschen, die ein Frauenproblem haben. Dabei ist es nicht der Islam, der das Frauenproblem hat, sondern einige Muslime. Und es sind auch nicht nur die Männer, sondern auch Frauen in ihrem Frauenbild betroffen. Das ist aber ein generelles Problem, kein Problem des Kopftuchs. Das Kopftuch ist das I-Tüpfelchen, das noch oben draufkommt. Wenn eine Frau gezwungen würde, Kopftuch zu tragen, wäre ich die erste, die dagegen angeht. Das ist nicht von Gott gewollt.

**CK** *Und wie sieht es mit dem Kopftuch als politischem Symbol aus?*

**BERRIN ILERI** Leider ist das Kopftuch in einigen Ländern zum politischen Symbol geworden, v.a. in Ländern, in denen Parteien die Religion in den Vordergrund drängen. Deswegen darf aber nicht jeder Frau unterstellt werden, dass sie deswegen ein Kopftuch trägt. Es gibt nicht *die* muslimische Frau, sondern wir sind alle Individuen mit ganz eigenen Gründen und Überzeugungen.

**CK** *Was möchten Sie abschließend mit auf den Weg geben?*

**BERRIN ILERI** Es müssen mich nicht alle verstehen, aber respektieren, dass ich mich so entschieden habe. So lange ich niemandem schade, sollte das Tragen eines Kopftuches respektiert werden.

Die Fragen stellte Christina Krause.

---

1. Benennen Sie mindestens drei Gründe für das Tragen eines Kopftuches.
2. Sie treffen Frau Ileri persönlich. Formulieren Sie drei Fragen, die Sie ihr gerne stellen würden.
3. Erklären Sie, was das Tragen eines Kopftuches mit dem eigenen Körper zu tun hat.
4. Sie lesen dieses Interview im Internet. Entwerfen Sie einen Kurzkommentar zum Text.
5. Beschreiben Sie, welche Bereiche Ihres Körpers für Sie zur Privatsphäre gehören und bei welchen Sie kein Problem haben, sie in der Öffentlichkeit zu zeigen.
6. Recherchieren Sie weitere Bekleidungsvorschriften in anderen Religionen.

## M 1.10 Wunderbar

PK179 bestellen: www.marburger-medien.de

*Auf einer Postkarte steht folgendes:*
Reibt man 20 Sekunden über den Button bzw. hält seinen Finger drauf, reagiert die Karte auf Wärme. Die Botschaft wird sichtbar:
»dich. Von Gott einzigartig geschaffen und geliebt.«

*Auf der Rückseite der Karte ist zu lesen:*

**Einzigartig und geliebt!**
Gott hat dich geschaffen.
Noch bevor du geboren wurdest,
kannte er dich. Du bist wertvoll
für ihn und er hat dich lieb.
Die Bibel: nach Psalm 139, 13–16

*Die Postkarte bezieht sich auf einen Bibeltext, Psalm 139:*

1 HERR, du hast mich erforscht
und kennst mich genau.
5 2 Ob ich sitze oder stehe: Du weißt es.
Meine Absicht erkennst du von fern.
3 Ob ich gehe oder ruhe: Du bemerkst es.
Alle meine Wege sind dir bekannt.
13 Ja, du hast meine Nieren* geschaffen,
10 mich im Bauch meiner Mutter gebildet.
14 Ich danke dir dafür,
dass ich so unglaublich wunderbar geschaffen bin.
Ich weiß, wie wundervoll deine Werke sind.
15 Nichts war dir unbekannt an meinem Körperbau,
als ich im Verborgenen geschaffen wurde –
ein buntes Gewebe in den Tiefen der Erde. 15

Psalm 139
BasisBibel, © 2021 Deutsche Bibelgesellschaft, Stuttgart

\* Niere steht in biblischen Texten immer für den Körperteil, der für innere Regungen wie Freude oder Leid, aber auch für das Gewissen oder die Urteilskraft zuständig ist. Im Deutschen kennt man von dieser biblischen Redewendung »auf Herz und Nieren prüfen«.

1. Nennen Sie fünf Dinge, die es nur einmal auf der Welt gibt.
2. Nennen Sie eine Sache an Ihnen, die Sie einzigartig macht.
3. Fassen Sie den Bibeltext im Kurznachrichtenformat zusammen.
4. Gott twittert Sie mit dieser Kurznachricht an. Formulieren Sie eine kurze Reaktion.

# M 1.11 Body and Soul

Body und Soul – (mit) Leib und Seele. Beides gehört zusammen. Nach christlichem Verständnis bilden der Leib und die Seele eine Einheit. Sie sind untrennbar miteinander verbunden. Die Vorstellung, dass sich nach dem Tod die Seele vom Körper trennt und in den Himmel schwebt, passt nicht zur christlichen Vorstellung. Sie kommt stattdessen aus dem Denken der griechischen und römischen Antike. Dort war die Vorstellung einer Trennung zwischen Seele und Leib verbreitet.

In der Vorstellung der hebräischen Bibel, dem Alten Testament, dagegen gibt es den Menschen nur als Leib-Seele-Einheit. Der Mensch wird mit seinem Körper geschaffen. Dann kommt Gott und bläst dem Menschen den »Lebensatem« ein. So wird er ein lebendiges Wesen. Im Hebräischen steht dafür der Begriff »näfäsch« = Lebenskraft, Lebensenergie. Das griechische Neue Testament verwendet das Wort »psyche«. Durch diese Lebenskraft wird der Mensch zu einem lebendigen Wesen. Stirbt der Körper, stirbt auch die Lebenskraft des Menschen.

Nach biblischem Verständnis bilden Körper und Seele also eine untrennbare Einheit.

Weil es für uns Menschen so schwer zu fassen ist, was die Seele eigentlich ist, mach(t)en sich viele Menschen Gedanken dazu:

1. Fassen Sie zusammen, was Sie unter dem Begriff »Seele« verstehen.
2. Entscheiden Sie sich für eins der Zitate und arbeiten Sie heraus, was es bedeutet.
3. Entwerfen Sie eine Skizze mit den Begriffen »Seele« und »Körper«, aus der deutlich wird, in welchem Verhältnis die beiden zueinanderstehen.

> Tu deinem Leib etwas Gutes, damit deine Seele Lust hat, darin zu wohnen.
> 
> Teresa von Avila bzw. Winston Churchill

> Freundschaft, das ist eine Seele in zwei Körpern.
> 
> Aristoteles

> Ich habe so viele Leichen seziert und nie eine Seele gefunden.
> 
> Rudolf Virchow

> Ein ungeübtes Gehirn ist schädlicher für die Gesundheit als ein ungeübter Körper.
> 
> George Bernard Shaw

> Es ist unglaublich, wie viel Kraft die Seele dem Körper zu leihen vermag.
> 
> Wilhelm von Humboldt

## M 1.12 Auferstehung eines Strampelanzuges

*Georg Magirius, Jahrgang 1968, ist Vater eines toten Kindes. Seine Tochter Juliane, auf die er sich neun Monate gefreut hat, stirbt kurz vor ihrer Geburt im Mutterleib. Sie kommt tot auf die Welt.*

*In seinem Buch »Schmetterlingstango« spricht Magirius in Gedanken mit Juliane. Er beschreibt, wie er ihren Tod und die Stunden danach erlebt hat, überlegt, was wohl wäre, wenn bzw. was vielleicht mal sein wird. Er erzählt, wie er nach Julianes Geburt ihr liebevoll einen roten Strampelanzug anzieht – in dem sie beerdigt werden wird – bevor seine Gedanken in Richtung Himmel fliegen, wenn er sie wiedersehen wird ...*

Julianes Strümpfe und Strampelanzüge, ihre beiden Mützen behielten wir im Haus. [...] Ein Kleid aber ist verschwunden und dennoch geblieben, wie auch Juliane verschwunden und geblieben ist: ein Strampelanzug in Dunkelrot, weiß gestreift, darauf ein Bär genäht. Als das Kind seinen Fußabdruck im Babypass hinterlassen hatte, zog ich ihm dieses Rot an. [...]

Sie fühlte sich in unseren Armen nicht schlaff an, wirkte aber sehr gelassen. Sie ruhte so sehr in sich, dass ich den Eindruck hatte, dass sie ihre Ruhe von einem anderen Ort bezog. Auch ich selbst dachte bald, nicht nur an einem Ort zu sein. Das lag daran, dass mir die Szenerie im Kreißsaal wie erfunden erschien. Denn alles das war, wie man so sagt, ein Schicksalsschlag. [...]

So fühlte sich das Geschehen in der Entbindungsstation schon längst nicht mehr ganz irdisch an, auch stand es nicht mehr fest, tief eingewurzelt im Boden wie eine Eiche. Stattdessen sah ich aus mir heraus auf alle, das auch von oben auf uns und darauf, welch seltsame Familie wir nun waren. Und doch? Obwohl der Blick zeigte: Nichts war richtig, sondern alles falsch, stimmte in diesem Moment alles. Eine Kerze leuchtete. Es war das Licht des Lebens. [...]

Der Strampelanzug holte mich auf den Boden zurück. Er war sehr real, genau wie Julianes Hand, ihr Kopf, alles war extrem wirklich. Nun liegt sie im Wald, in der Erde. Und da ich sie gehalten habe, hielte ich es für einen Verlust, wenn es beim Hoffen auf ein Weiterleben einzig um die Seele ginge. So glaube ich an die Auferstehung im Fleisch, mag das für viele auch noch so seltsam klingen. Mir ist dieser Glaube ein Trost, weil er mich hoffen lässt: ich habe meine Tochter nicht zum letzten Mal berührt.

Wenn im Himmel wirklich Freude herrscht und nie mehr Angst, Geschrei und Schmerzen, dann dürfte es für Gott das geringste Problem darstellen, dort auch einen Strampelanzug zuzulassen. Aber ist das nicht zu irdisch gedacht? Schließlich bedeutet Auferstehung nicht die lineare Fortsetzung des hiesigen Lebens, wenden Experten ein. Sie berufen sich auf den Apostel Paulus, den vermutlich größten Auferstehungsforscher aller Zeiten. Er sagt: Der Leib wird auferstehen, sich aber verwandeln. Dagegen habe ich nichts einzuwenden. Juliane bleibt Juliane bleibt Juliane und ist dennoch verändert. Ich werde sie also mitsamt dem Strampelanzug wiedersehen. Was aber hat sich denn dann überhaupt verwandelt? Das Neue ist: Sie wird sich bewegen.

Mit der Auferstehung des Strampelanzuges würde geschehen, was an Julianes Geburtstag bereits begann: Das Kleidungsstück war da, um das Leben zu feiern, war vielleicht deshalb schön, weil es keinen Nutzen hatte. Ursprünglich war es dazu gedacht gewesen, wie ein Fell dem Kind den Eintritt in die kalte Welt zu erleichtern. Kein neues Leben kann in Deutschland im Oktober die mehr als 30 Grad erwarten, wie sie im Bauch einer Mutter herrschen. Selbst im bayrischen Nizza war es kühler. Nun aber war der Anzug mit dem Bär, Julianes Bärenfell, zum reinen Schmuck geworden. Denn Juliane konnte Kälte und Wärme nicht spüren. Stattdessen feierten wir das Fest des Augenblicks. Sinn fand ich darin nicht, konnte dem allen auch keinen geben, finde ihn bis heute nicht. Juliane aber, das Rot und der Bär – sie waren schön.

Georg Magirius: Schmetterlingstango. Leben mit einem totgeborenen Kind, München 2013, 112–119. claudius

Scottslm/pixabay

1. Wenn Sie an einen Menschen denken, der Ihnen wichtig war, der aber schon verstorben ist: Wie wird er wohl im Himmel aussehen? Beschreiben Sie Ihre Gedanken.
2. Viele Menschen sterben in hohem Alter. Krankheiten und Schmerzen sieht man ihnen v. a. in den letzten Lebenstagen an. Entwerfen Sie Möglichkeiten, mit was für einem Körper (diese) Menschen auferstehen könnten.
3. Wenn Sie sich ein Leben nach dem Tod wünschen dürften, wie würde das aussehen? Beschreiben oder malen Sie Ihre Vorstellungen und Träume.
4. Wenn Sie an Ihren eigenen Körper denken: nennen Sie drei Dinge, die Sie an sich bei einer körperlichen Auferstehung verwandelt haben möchten und fünf Dinge, die gleichbleiben sollten.

## M 1.13 Behindert

Die Entstehung des Menschen ist ein Wunder. In der Regel liefern sich 300 Millionen männliche Samenzellen ein spannendes Rennen um die weibliche Eizelle und nur eine einzige männliche Samenzelle erreicht als Erste ihr Ziel. Es kommt zur Befruchtung. Dann beginnt etwas Magisches: Aus den winzigen Ei- und Samenzellen von Frau und Mann entsteht ein neuer Mensch. Jeder von uns ist also ein richtiger Siegertyp.

Manchmal passiert bei der Entwicklung vom Ei zum Baby etwas Unerwartetes: Es kommt z. B. ein Mensch mit Down-Syndrom* auf die Welt, nur weil ein Chromosom zu viel vorhanden war, oder es wird jemand geboren, der nicht laufen, hören oder sehen kann. Manche haben eine chronische Krankheit, einige lernen nie richtig sprechen, wieder anderen fehlt vielleicht ein Arm oder das Lernen fällt ihnen schwer. Auch später im Leben kann einem etwas zustoßen, sodass man mit Einschränkungen und Behinderungen leben muss. Dann ist es oft schwierig am »normalen« Leben teilzunehmen.

Aber genau das wünschen sich alle Menschen. Sie wünschen sich Inklusion**: Inklusion ist, wenn alle mitmachen dürfen. Ob mit Behinderung oder ohne. In der Schule, im Kino, im Schwimmbad, beim Einkaufen, im Bus oder in der Eisdiele. Wenn jeder Mensch überall dabei sein kann, wenn Anderssein normal ist. Wenn jeder in seiner Andersartigkeit willkommen ist.

Anke Kuhl, Alexandra Maxeiner, Jörg Mühle u. a. (Hg.): Ich so Du so, Weinheim 2017, 86 f., 89. Beltz & Gelberg

* In jeder menschlichen Körperzelle befinden sich Chromosomen, das sind aufgewickelte Informationen, die wir von unseren Eltern geerbt haben. Sie bestimmen, wie wir aussehen, ob wir z. B. rote Haare haben oder schwarze. Fast alle Menschen haben 46 Chromosomen (23 von der Mutter und 23 vom Vater). Bei Menschen mit Down-Syndrom ist das 21. Chromosom 3x vorhanden. Deshalb spricht man auch von einer Trisomie 21. Jeder 600. Mensch wird mit Down-Syndrom geboren. In Deutschland leben ca. 50.000 Personen mit drei 21. Chromosomen.

** Wörtlich übersetzt heißt Inklusion: Zugehörigkeit. Und Zugehörigkeit ist das Gegenteil von Ausgrenzung. Inklusion ist ein Menschenrecht, das in der UN-Behindertenkonvention festgeschrieben ist. Deutschland hat diese Vereinbarung unterzeichnet. Inklusion in der Schule bedeutet: Kinder mit und ohne Förderbedarf lernen gemeinsam.

1. Beschreiben Sie Ihre Gedanken, wenn Sie einen Menschen mit Behinderung sehen.
2. Vergleichen Sie die Gedanken der Mutter mit denen des Kindes.
3. Angenommen, Sie bemerken, wie jemand auf dem Schulhof einen Mitschüler mit »Du Spast!« beschimpft: Überlegen Sie eine Reaktion, wie Sie die beleidigende Person auf ihr Verhalten hinweisen.

> Manche Menschen verwenden »behindert« oder »Du Spast!« aus Gedankenlosigkeit oder als Beleidigung. Aber Worte können wehtun. Sie beleidigen gleichzeitig nicht nur mein Gegenüber, sondern alle Menschen mit einer Behinderung.

## M 1.14 Kurzsichtig

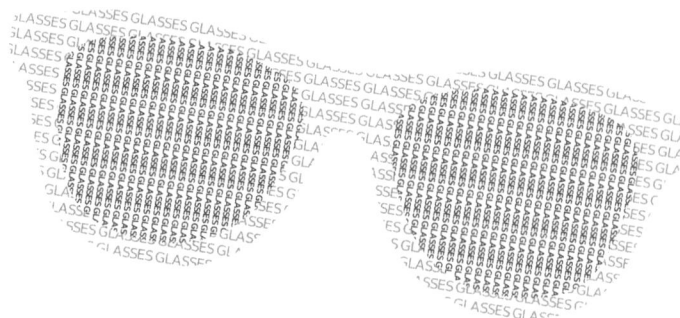

**Von Alex**

Ich bin kurzsichtig. Das heißt, ich sehe nicht deutlich, was weit entfernt ist. Weit entfernt bedeutet in meinem Fall: Alles, was weiter weg als 20 cm von mir ist. Wenn ich beim Essen am Tisch sitze, kann ich ohne Brille nicht erkennen, ob die anderen am Tisch die Augen offen oder zu haben.

Ich kann nicht sehen, was auf den Buchrücken in meinem Bücherregal steht. Ohne Brille könnte ich diesen Text nicht lesen, den ich gerade eintippe. Ich kann nicht Fahrrad fahren. Nicht kegeln gehen. Nicht fernsehen. Ohne Brille ist die Welt für mich eine einzige farbige Fläche. Ohne Konturen. Ohne Schrift.

Seit ich zwölf Jahre als bin, ist das so. Als der Augenarzt mir die Brille verschrieb, wollte ich sie nicht tragen. Ich wollte auf keinen Fall eine Brillenträgerin sein. Ich dachte, niemand würde dann erkennen, wer ich bin. Niemand würde sich noch die Mühe machen, mich näher zu beschreiben. Statt zu sagen: »Alex spielt Klavier, mag Hunde, fährt Skateboard und trifft sich gern mit ihren Freunden« würden alle nur sagen: »Alex? Die mit der Brille.«

Deswegen habe ich sie nicht aufgesetzt. Ich habe wenig gesehen, aber das war mir lieber, als eine Brillenträgerin zu sein. Ich habe in der Schule nichts an der Tafel lesen können. Ich habe meine Freunde nicht gegrüßt, weil ich sie nicht erkannt habe. Ich habe unbekannte Leute gegrüßt, weil ich dachte, sie wären meine Freunde. Ich stand auf dem Schulhof mit eng zusammengekniffenen Augen herum, um Leute besser erkennen zu können. Manche dachten, ich sei arrogant, weil ich niemanden grüße und so verkniffene Augen habe. Ich habe beim Staubsaugen nicht gesehen, wo der Dreck lag. Ich habe in vermeintliche Erdnussflips-Schalen gegriffen, die aber Aschenbecher waren. Ich habe auf dem Campingplatz mein Zelt nicht wiedergefunden. Ich habe mich immer auf andere verlassen, die gut sehen konnten, wenn es irgendwohin ging. Ins Kino. An den See. Auf den Schulhof.

Einmal bin ich mit meiner Freundin Mona ins Freibad gegangen. Wir wollten unsere Freunde treffen. Wir liefen durch den Eingang. Da fragte Mona mich: »Wo sind denn die anderen?« Da wurde uns beiden klar: Mona ist auch kurzsichtig. Und verlässt sich auch auf andere. Handys gab es damals noch nicht. Wir konnten unsere Freunde nicht anrufen, um zu fragen, wo sie sind. Es machte einen komischen Eindruck, so nah an allen Badegästen vorbeizugehen, um zu erkennen, ob sie vielleicht unsere Freunde waren. Oder nicht. In diesem Fall was es vor allem: oder nicht. Wir mussten unsere Freunde schließlich ausrufen lassen. Das war ziemlich peinlich.

Als ich 18 Jahre alt wurde, bekam ich Kontaktlinsen. Endlich konnte ich gut sehen – ohne Brille. Von diesem Tag an, an dem ich die Brille nicht mehr tragen MUSSTE, fing ich an, sie zu tragen. Weil ich auf einmal eine Wahl hatte. Und weil ich plötzlich dachte: »Dann bin ich eben eine Brillenträgerin.«

**Na und?**

Anke Kuhl, Alexandra Maxeiner, Jörg Mühle u. a. (Hg.):
Ich so Du so, Weinheim 2017, 112 f. Beltz & Gelberg

---

1. Vielleicht geht es Ihnen ähnlich und Sie denken, dass andere nur noch Ihre Brille (Lockenhaare, Pickel, Sommersprossen, Zähne, X-Beine, …) sehen. Beschreiben Sie, wie es Ihnen mit dieser Auffälligkeit von Ihnen geht.
2. Setzen Sie das Verhalten von Alex mit Ihrem eigenen Verhalten in Beziehung.
3. »Ich habe mich immer auf andere verlassen.« Erzählen Sie von einem Ereignis, an dem Sie sich auch auf andere verlassen mussten und Hilfe brauchten, weil Sie selbst es nicht konnten.

## M 1.15 Unten drunter sind wir alle nackt

Kleider machen Leute, heißt es. Mit ihnen drücken wir unsere Persönlichkeit aus, zeigen unseren Status. Wir binden uns Krawatten um den Hals und stecken uns Einstecktücher in die Brusttasche. Wir legen Halsketten und Ringe an, tragen Designer*innenschuhe und Markenpullover, wir gehen auf Schnäppchenjagd und lümmeln in Jogginghosen herum. Verschiedene Arten von Kleidung sind verschiedene Arten, dem Gegenüber ein Bild von sich zu vermitteln.

Dass Kleidung Einfluss darauf hat, wie wir wahrgenommen werden, ist mittlerweile unbestritten. Kinder halten ihre Lehrer*innen für intelligenter, wenn sie gut gekleidet sind. Frauen in aufreizenden Klamotten werden als weniger kompetent wahrgenommen als im Hosenanzug. Menschen in Business-Outfits schreiben wir Attribute wie pünktlich, gepflegt und strategisch zu, wer in Jogginghose herumläuft, gilt als unbekümmert und unproduktiv. Kleidung verändert zudem nicht nur die Außenwahrnehmung, sie beeinflusst sogar uns selbst. Es reicht schon, wenn wir uns einen weißen Laborkittel überstreifen, damit wir aufmerksamer, eloquenter und mutiger sind.

Dabei ist Kleidung genau genommen nur eine Oberfläche. Die Hülle, in der wir stecken, nicht nur, um uns vor Kälte zu schützen, sondern um einen bestimmten Eindruck abzugeben. Die Schale um unseren wahren Kern, den wir mit ihrer Hilfe schmücken, verfälschen oder unterstreichen. Unten drunter sind wir alle gleich. Gleich nackt. Das wusste schon der deutsche Dichter Heinrich Heine, als er schrieb: »Wenn wir es recht überdenken, so stecken wir doch alle nackt in unsern Kleidern.«

Leider ist die Akzeptanz der Nacktheit immer noch oft vom Körper des*der Nackten abhängig. Das findet auch Sophia Vogel, eine Fotografin aus Berlin. »Auf meterhohen Plakatwänden und in den Medien klaffen überall künstliche Schönheiten um einen herum. Sie vermitteln unrealistische Schönheitsideale und setzen alle anderen unter Druck«, sagt Vogel. Warum sonst gaffen immer nur 90/60/90-Damen von diesen Plakatwänden?

»Es regt mich auf, dass eine Gesellschaft, die immer so tolerant tut, so mit Nacktheit umgeht«, sagt Vogel. Um darauf aufmerksam zu machen, startete sie ein Fotoprojekt. Für *With and Without* fotografierte sie Menschen jeweils zweimal, einmal angezogen, einmal nackt, in derselben Pose bei alltäglichen Tätigkeiten. Ohne unnatürliches Posieren, kein Gerekel im Bett, sondern zu Hause beim Blumenumtopfen, bei Yoga-Übungen, beim Fischefüttern, während der Arbeit oder draußen beim Spazieren mit dem Hund. So zeigt Vogel, dass uns bei weitem weniger unterscheidet, als wir vielleicht annehmen. Den Anfang machte die Fotografin mit einem Mit-Ohne-Selfie auf Instagram selbst.

Es gibt einen zweiten Grund, warum Vogel *With and Without* ins Leben rief. »Ich empfinde es als Irrsinn, Nacktheit per se mit Sexuellem zu verbinden.« Wer nackt ist, würde oft schnell sexualisiert. Dabei vermittle jemand, der*die sich selbst nackt darstellt, nicht zwangsläufig etwas Sexuelles. »Es kann auch ein Zeichen dafür sein, dass man sich im eigenen Körper wohlfühlt und dass man sich durch unrealistische Schönheitsideale und die Bewertung anderer nicht fertig machen lässt«, sagt Vogel. Sie habe sich daher entschieden, den Intimbereich der Teilnehmenden immer bedeckt zu halten, damit sich die Betrachtenden der Nacktheit zwar

© Sophia Vogel/With and Without

© Sophia Vogel/With and Without

bewusst werden, sich aber nicht auf die jeweiligen Geschlechtsteile konzentrieren.

Vogel ginge es nicht darum, das Nacktsein zu missionieren oder dazu aufzurufen, sich einer FKK-Bewegung anzuschließen. »Mir ist egal, ob jemand nackt sein möchte oder nicht. Alles, was ich möchte, ist, dass sich Menschen der Kostbarkeit ihres eigenen Körpers bewusst sind.« Wir alle kommen nackt auf die Welt und sind es unter der Kleidung immer noch. Da ist nichts, wofür wir uns schämen sollten.

Philipp Kienzl: Vergiss deinen gesellschaftlichen Status! Unten drunter sind wir alle gleich nackt, ze.tt, 24.11.2018, https://ze.tt/vergiss-deinen-gesellschaftlichen-status-unten-drunter-sind-wir-alle-gleich-nackt/

1. Beschreiben Sie Ihre ersten Gedanken und Reaktionen auf die beiden Fotos des Mannes am Schreibtisch.
2. Vergleichen Sie die beiden Fotos mit und ohne Kleidung miteinander.
3. Erläutern Sie, warum die Fotografin Sophia Vogel ihr Fotoprojekt »With and Without« ins Leben gerufen hat.
4. Das Projekt »With and Without« kommt als Fotoausstellung in Ihre Stadt. Schreiben Sie einen Kommentar zur Ausstellung, warum Sie (nicht) dorthin gehen.

## M 1.16 Arbeitskleidung

Bikinis machen dumm. Zumindest während der Tragedauer. Zu diesem Schluss kamen Forscher der University of Michigan in den neunziger Jahren. Bei der Studie schnitten Frauen, die einen Bikini trugen, in Matheaufgaben schlechter ab als die, die mehr anhatten. Auf den ersten Blick lässt sich daraus kein alltagstauglicher Ratschlag herleiten – die wenigsten planen, sich im knappen Zweiteiler in die nächste Prüfung zu setzen. Aber hinter dem amüsanten Versuch steckt eine größere Botschaft: Kleider verändern nicht nur unsere Wirkung auf andere, sie beeinflussen auch die eigene Leistung.

Aktuellere Studien bestätigen diesen Effekt: Der Psychologe Abraham Rutchick und seine Kollegen von der California State University wollten wissen, welchen Einfluss Kleidung auf unser Denken hat. Sie luden 90 Studenten zu verschiedenen Assoziationstests ein, wobei die eine Hälfte während der Tests Alltagskleidung trug und der Rest wie bei einem Bewerbungsgespräch angezogen war. »Die formell gekleideten Probanden waren in der Lage, abstrakter und ganzheitlicher zu denken«, sagt Rutchick. Nach Fortbewegungsmitteln befragt, gaben sie zum Beispiel neben Begriffen wie »Auto« oder »Fahrrad«, auch »Kamel« an.

Aber nicht nur auf unsere Gedanken wirkt das, was wir tragen, sondern auch ganz direkt auf den Körper: So zeigten Forscher der University of Durham, dass bei den Olympischen Spielen 2004 Sportler mit einem roten Trikot häufiger siegten als solche mit einem blauen. Schon vor den Wettkämpfen hatten die Roten messbar mehr Kraft und einen schnelleren Herzschlag als die Blauen. Den Einfluss auf den Hormonhaushalt untersuchten Wissenschaftler der Yale University. Sie ließen Männer entweder in Anzug, Jogginghose oder Alltagskleidung ein fiktives Geschäftsabkommen verhandeln. Das Ergebnis: Die Anzugträger waren nicht nur dominanter und erfolgreicher als die anderen, sie hatten auch einen konstant hohen Testosteronspiegel. Dieser Spiegel sinkt beim Verlieren von Wettbewerben – bei den Kandidaten in Jogginghose geschah dies schon vor dem Ende der Verhandlung.

Und auch Arztkittel wirken: Probanden in Weiß machten bei einer Studie der Northwestern University nur halb so viele Konzentrationsfehler wie die ohne Kittel. Unter einer Voraussetzung: Sie durften nicht glauben, der weiße Kittel sei von einem Maler.

StockSnap/pixabay

Dieser letzte Versuch zeigt, dass die Magie nicht allein in Naht, Schnitt oder Stoff der Kleidung liegt, sondern in dem, was wir damit verbinden. »Social Priming« nennen Psychologen diesen Mechanismus. Unser Gehirn reagiert nicht immer gleich auf Reize. Hat uns vorab ein Geruch, eine Farbe, ein Wort oder Bild an etwas denken lassen, also bestimmte Gedächtnisinhalte wachgerufen, dann beeinflusst uns das unbewusst. [...] Auch Kleider wecken in uns bestimmte Assoziationen. Wir verbinden mit ihnen Macht, Geschlecht, Status oder Alter und damit wiederum bestimmte Eigenschaften.

Ab jetzt also im roten Anzug oder im Arztkittel zum Bewerbungsgespräch? Wohl kaum. »Gerade weil Kleidung einen so großen Symbolcharakter hat, sollte sie zum Anlass passen«, sagt der Psychologe Rutchick. Vielleicht war das auch das Problem der Bikini tragenden Rechnerinnen.

Insa Schiffmann: Wie beeinflusst Kleidung unsere Arbeitshaltung?, ZEIT Wissen Nr. 1/2017, https://www.zeit.de/zeit-wissen/2017/01/arbeitskleidung-einfluss-leistung-symbolik

1. Benennen Sie Berufsgruppen oder konkrete Unternehmen, die aufgrund ihrer Kleidung (Form, Kleidungsstück, Farbe, Logo, ...) eine hohe Breitenwirkung erzielen.
2. Erklären Sie den Begriff »Social Priming«.
3. Beschreiben Sie, welche Kleidung Sie an Ihrem Arbeitsplatz tragen (müssen).
4. Beurteilen Sie die Vor- und Nachteile einer speziellen Kleidung am Arbeitsplatz.
5. Setzen Sie sich mit der Frage auseinander, wie sich Ihr Verhalten ändert, wenn Sie bei Ihrer Arbeit Dienstkleidung tragen und wenn Sie dies nicht tun (würden).
6. Angenommen, Sie kämen an einem Tag mit anderer/unpassender Kleidung zur Arbeit. Beschreiben Sie mögliche Reaktionen der anderen Mitarbeitenden bzw. Ihrer Vorgesetzten.

In vielen Betrieben ist Dienstkleidung vorgeschrieben – teilweise aus arbeitstechnischer Sicht oder zum Schutz, teilweise aus optischen Gründen. Dienstkleidung kann dabei ganz unterschiedlich aussehen: von der Zimmermannshose über den Arztkittel bis zum Hosenanzug oder den Schutzhandschuhen. In einigen Berufen wird Wert gelegt auf ein gepflegtes Äußeres, in anderen wird allein durch Arbeitsprozesse die Kleidung schmutzig werden.

Für Firmen dient die Arbeitskleidung auch als Teil ihrer Corporate Identity. Neben Logo, Briefpapier oder Beklebung der Firmenwagen tragen die Mitarbeitenden für ein einheitliches Erscheinungsbild dieselbe Kleidung. Dieses lässt das Unternehmen wie eine eigene Persönlichkeit begreifen und macht sie unterscheidbar zur Konkurrenz.

Zum einen macht Firmenkleidung die Mitarbeitenden nach außen hin als Teil ihres Unternehmens sichtbar. Einheitlich auftretende Mitarbeitende werden schneller wiedererkannt und wirken seriöser. Zum anderen wirkt eine einheitliche Arbeitskleidung aber auch für die Mitarbeitenden selbst identitätsstiftend. Man fühlt sich zugehörig zu seinem Betrieb und zu einem großen Team. Soziale Unterschiede verwischen. Manche Arbeitskleidung wie z. B. bei der Polizei oder im Gericht stehen auch für eine Institution und verleihen den Menschen allein durch die Kleidung Autorität.

Dies kann aber auch ein kritischer Punkt sein. Eine einheitliche Kleidung wirkt uniform, d. h. eintönig und gleichmachend. Wie eine Uniform, die bewusst die eigene Persönlichkeit unterdrücken will. Das einzelne Individuum geht in der großen Masse unter. Auch steht und passt einheitliche Arbeitskleidung nicht allen Altern, Körpergrößen oder Geschlechtern gleich gut. Dass Menschen verschiedenen sind und ihre je eigene Individualität auch mit in den Beruf bringen, wird dadurch unterdrückt.

# M 1.17 Leben in der Jogginghose

»Wer Jogginghosen trägt, hat die Kontrolle über sein Leben verloren.«

Cain Beaudoin on Unsplash

Karl Lagerfeld (1933–2019), Modeschöpfer

1. Beschreiben Sie Situationen, in denen Sie gerne Jogginghosen tragen.
2. Benennen Sie die Vorzüge, die es mit sich bringt, gemütliche Kleidung zu tragen.
3. Benennen Sie Situationen, in denen eine Jogginghose die richtige bzw. falsche Kleiderwahl darstellt.
4. Erklären Sie, warum Karl Lagerfeld der Meinung ist, dass Jogginghosen und Kontrolle über das eigene Leben etwas miteinander zu tun haben.
5. Manche Leute sind der Ansicht, dass Jogginghosen in der Schule (außer im Sportunterricht) nichts zu suchen haben. Sammeln Sie Argumente für und gegen das Tragen von Jogginghosen im Unterricht.

## M 1.18 »Das machen nicht nur Proleten«

*Neun Millionen Deutsche gehen ins Fitnessstudio. Weil sie vom perfekten Körper träumen, nehmen viele illegale Medikamente. Wie gefährlich ist das?*

Alle fünf Tage öffnet Patrick die Schublade seines Nachtschränkchens, er nimmt eine Ampulle Testosteron heraus, eine Spritze, zwei Kanülen: eine zum Aufziehen, eine zum Injizieren. Er setzt sich ins Wohnzimmer, in seinen Fernsehsessel. Ein Bein legt er hoch, auf den Couchtisch. Dann setzt er die Spritze an, sticht in die Außenseite seines Oberschenkels und drückt. Tut nicht weh, pikst nur ein wenig. Er hat Erfahrung.

Patrick, 24, sitzt in Berlin in einem Steakhouse. Er trägt ein graues Sakko, dazu ein Hemd, das über der Brust spannt. 91 Kilogramm auf 1,78 Meter, Patrick könnte ein Covermodel für die Zeitschrift »Men's Health« sein.

Seit sechs Jahren kauft und nimmt Patrick künstlich hergestellte Hormone, um größere Muskeln zu bekommen, um sexy zu sein. Hunderte Spritzen hat er sich schon injiziert, zwischen 3.000 und 4.000 Tabletten hat er geschluckt.

Patrick studiert Marketing. »Ich kenne Manager, Rechtsanwälte und Ärzte, die dopen«, sagt er. »Das machen nicht nur Proleten.« Er findet es »falsch und unehrlich«, etwas zu verheimlichen. Alle wüssten, was er nehme, seine Freunde, die Familie, die Kommilitonen. [...]

In Deutschland trainieren 9,1 Millionen Menschen im Fitnessstudio. Einer bundesweiten Studie der Universitätsklinik Lübeck zufolge konsumieren davon 22 Prozent der Männer und 8 Prozent der Frauen leistungssteigernde Mittel. Der Dopingforscher Mischa Kläber von der Technischen Universität Darmstadt geht davon aus, dass jeder Fünfte im Fitnessstudio etwas schluckt oder spritzt. Das wären 1,8 Millionen Menschen.

Es geht vielen Freizeitsportlern nicht nur darum, gesund zu leben. Sie wollen schön sein, dynamisch aussehen. Der Körper ist für sie ein Ausstellungsstück, das sie modellieren wie ein Künstler eine Skulptur. Wenn es sein muss, mit illegalen Medikamenten. Das Dopingsystem im Breitensport ähnelt dem Geschäft mit Rauschgift. Es gibt Produzenten, die die Substanzen kochen. Es gibt die User, auch Stoffer genannt,

die sie kaufen, spritzen und schlucken. Und es gibt Dopingopfer, die ihr Leben ruiniert haben. [...]

Es ist in Deutschland nicht grundsätzlich verboten zu dopen. Wer seinen Körper mit Testosteron, Insulin oder Wachstumshormon aufmotzen möchte, den hindert kein Gesetz daran. Laut Paragraf 6a des Arzneimittelgesetzes ist es allerdings strafbar, Präparate zu Dopingzwecken im Sport »in den Verkehr zu bringen, zu verschreiben oder bei anderen anzuwenden« sowie »in nicht geringer Menge zu erwerben oder zu besitzen«. Wer beim Handel mit Anabolika erwischt wird, dem drohen bis zu drei Jahre Gefängnis; in besonders schweren Fällen bis zu zehn Jahre. [...]

Viele Dealer wissen nicht, wie hart die Staatsanwälte inzwischen durchgreifen. »Den meisten fehlt das Bewusstsein dafür, wie gefährlich es ist, das Zeug zu vertreiben«, sagt Tim, ein ehemaliger Dealer, »ich habe Leben aufs Spiel gesetzt.«

Die Nebenwirkungen der Medikamente sind enorm, Steroid-Konsumenten können einen vergrößerten Herzmuskel bekommen und einen Infarkt erleiden. Sie können an Bluthochdruck, Stimmungsschwankungen und Depressionen erkranken. Bei Männern verkleinern sich die Hoden. Sobald der Körper Testosteron von außen bekommt, fährt er die eigene Produktion herunter. Bei vielen Sportlern, die sich mit Anabolika dopen, schrumpfen die Hoden auf Erbsengröße.

Lukas Eberle, Maik Großekathöfer: Muskelspiele, DER SPIEGEL 31/2015, https://www.spiegel.de/sport/muskelspiele-a-78831c9f-0002-0001-0000-000137324612

1. Beschreiben Sie Gründe, warum Menschen Doping einsetzen.
2. Beschreiben Sie Gefahren, die durch Doping entstehen.

## M 1.19 »Fitnesskörper«

**Der Doper**

Patrick war 17 Jahre alt, als er mit dem Krafttraining begann, er wog damals 62 Kilogramm. In der Umkleidekabine seines Fitnessstudios kaufte er sein erstes Fläschchen Testosteron, es stammte aus einem Untergrundlabor, kurz U-Lab. Es kostete 60 Euro. Am Abend setzte er sich seine erste Spritze. Er saß in seinem Kinderzimmer, Patrick wohnte noch bei seinen Eltern.

Markus Mainka/Adobe Stock

Im Internet ging er auf Einkaufstour, für 150 Euro im Monat bestellte er Steroide: Turanabol-Tabletten, Nandrolon Decanoat, Trenbolon, Masteron und Methyltrienolon. Mit Hilfe der Dopingmittel schraubte er sein Gewicht auf 96 Kilogramm hoch.

Anabole Steroide, auch Anabolika genannt, sind künstlich hergestellte Wirkstoffe, die dem männlichen Sexualhormon Testosteron nachempfunden sind. Testosteron bewirkt, dass die Muskulatur schneller wächst und langsamer ermüdet.

Pharmafirmen haben Anabolika vor rund 80 Jahren entwickelt, als Medikamente für Krebskranke. Mittlerweile sind sie als Dopingmittel im Sport beliebt. Profisportler müssen Dopingproben abgeben, wer mit Steroiden betrügt, wird gesperrt. Im Breitensport stellt jeder seine eigenen Regeln auf, Hobbyathleten müssen nicht mit Dopingtests rechnen.

Patrick geht zurzeit viermal pro Woche ins Studio. Sein Ziel ist es, einen »Fitnesskörper« zu bekommen, so nennt er das. Definierte Muskelstränge, die an Schultern, Brust und Oberschenkeln Streifen bilden und die Körperteile voneinander abgrenzen. »Das ist nach meiner Definition ein schöner, ästhetischer Körper«, sagt Patrick, »die Wertschätzung spielt für mich eine große Rolle. Ich mag es, angesprochen zu werden, Blicke anzuziehen. Ein guter Körper ist heute ein Statussymbol. Früher hieß es: Kleider machen Leute. Heute gilt: Muskeln machen Leute.«

Und geht das nur mit Doping? »Nein«, sagt Patrick, »aber es erleichtert mir den Weg zum Ziel«. […]

Patrick, der Doper, hat Stress mit seiner Freundin. Sie mag es nicht, dass er nur sein Krafttraining im Kopf hat. Sie mag es nicht, dass er dopt. Sie sagt, das Zeug mache ihn »arschlochhaft«. Patrick meint, es daure nicht mehr lange, dann stelle sie ihn vor die Wahl: sie oder das Doping. »Dann müssen wir uns trennen«, sagt er. »Ich werde wegen ihr nicht aufhören. Das ist es mir nicht wert.«

Lukas Eberle, Maik Großekathöfer: Muskelspiele,
DER SPIEGEL 31/2015, https://www.spiegel.de/sport/muskelspiele-a-78831c9f-0002-0001-0000-000137324612

---

1. Beschreiben Sie Patricks Situation.
2. Beschreiben Sie Patricks Gründe für Doping.
3. Beschreiben Sie die Konsequenzen, die sich für Patrick dadurch ergeben könnten.
4. Setzen Sie sich mit der Frage auseinander, was »ein schöner, ästhetischer Körper« für Sie ist.

## M 1.20 »Ich war total besessen«

**Der Produzent**

Ein Samstagmittag in einer Pizzeria im Umland von Stuttgart, Tim schlägt für das Interview einen Tisch in der hinteren Ecke vor. Tim heißt eigentlich anders. Er ist einer von denen, die erwischt wurden. Er sitzt im Knast. Tim ist zwar Freigänger, er darf sich elf Stunden am Tag außerhalb der Mauern bewegen, doch jeden Abend muss er zurück sein im Gefängnis.

Vor vier Jahren wurde er verurteilt wegen des »gewerbsmäßigen Inverkehrbringens von Arzneimitteln zu Dopingzwecken im Sport«, so stand es in der Anklageschrift. Tim betrieb eines der lukrativsten und produktivsten Untergrundlabors Deutschlands. Er kochte, mixte und vertrieb Anabolika-Präparate in großem Stil. Am Ende flog er auf. Hausdurchsuchung. U-Haft. Gerichtsverhandlung.

In seinem Fitnessstudio lernte Tim einen Pumper kennen, der in einer Mietwohnung ein Untergrundlabor betrieb. Er suchte einen Nachfolger für das Business und fragte Tim, ob er Interesse habe. Tim war begeistert. Er bestellte über das Internet Anabolika-Rohstoffe: Testosteron Enantat, Testosteron Propionat, Nandrolon Decanoat, Trenbolon Enantat und Trenbolon Acetat. Er kaufte bei einer Firma in China ein, für bis zu 10.000 Euro pro Bestellung. Die Rohstoffe kamen in Pulverform, luftdicht eingeschweißt.

Tim funktionierte seine Küche zu einer kleinen Dopingfabrik um. Die Produktion lief immer gleich: Er nahm das Pulver, dazu kamen Rizinusöl und Ethyloleat. Er kochte die Mixtur auf und desinfizierte sie mit Benzylalkohol. Zum Schluss füllte er die Flüssigkeit in Zehn-Milliliter-Ampullen ab. Fertig. Für zwei Liter Dopingmittel brauchte er 90 Minuten. Tims Tage bestanden nur noch aus Krafttraining und Kochen. »Ich war total besessen«, sagt er.

In Webforen postete er seine Produktpalette. 30 Substanzen hatte er im Angebot, dazu Präparate in Tablettenform. Sein E-Mail-Eingang mit den Bestellungen quoll über. »Werbung musste ich nicht machen«, sagt Tim, »ich hätte viermal so viel herstellen können, so groß war die Nachfrage.«

Tim verkaufte die Ampullen und Tablettendöschen an Reseller, die die Präparate ihrerseits übers Internet oder in Studios weitergaben. So verdiente Tim im Monat bis zu 5000 Euro. Doch das schöne Leben war bald vorbei. Polizisten in München schnappten einen von Tims Resellern, er hatte auf Parkplätzen von Fitnessstudios gedealt. Die Beamten verfolgten die Handelskette zurück, bis sie vor Tim Wohnungstür standen. [...]

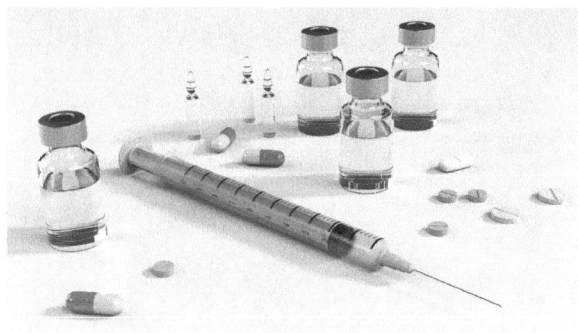

Arek Socha/pixabay

Tim hatte zuletzt viel Zeit, sich Gedanken zu machen. Auch über die Frage, warum das Dopen so beliebt ist. Für ihn hat die Antwort vier Buchstaben: Yolo. »Viele, die im Studio an ihrem Körper arbeiten, leben nach diesem Motto«, sagt Tim, »sie wollen alles, und zwar sofort. In den U-Labs werden die Produkte zu diesem Lifestyle hergestellt.« [...]

Tim, der Produzent, ist geläutert, er hat verstanden, dass er »riesengroßen Mist« gebaut hat. Er sagt, er könne sich gut vorstellen, Aufklärungsarbeit in Sachen Anabolika zu leisten. Irgendwann, nach seiner Haft.

Lukas Eberle, Maik Großekathöfer: Muskelspiele, DER SPIEGEL 31/2015, https://www.spiegel.de/sport/muskelspiele-a-78831c9f-0002-0001-0000-000137324612

---

1. Beschreiben Sie Tims Situation.
2. Beschreiben Sie Tims Gründe für sein Verhalten.
3. Beschreiben Sie die Konsequenzen aus seinem Verhalten.
4. Setzen Sie sich mit der Frage auseinander, warum es »riesengroßer Mist« war, was Tim gemacht hat.

## M1.21 »Ich dachte, ich verfaule.«

### Der Geschädigte

Die erste Tablette hat David vor sechs Jahren geschluckt. Er war 14 Jahre alt. Die Pille war weiß, rund und so groß wie ein Smartie. Mit 17 wollte David sich zum ersten Mal umbringen. Er stand am Bahngleis in Erfurt und wartete auf den ICE aus Fulda. Seit zwei Wochen taten ihm damals die Brustwarzen weh, und David hatte gelesen, der Körper wandle überschüssiges Testosteron in das weibliche Sexualhormon Östrogen um. Er hatte Panik, dass ihm ein Busen wächst von dem Zeug, das er ständig einwarf. Lieber tot als »bitch tits«, so nennen Jungs wie David die Dinger, die sie kriegen können von Anabolika.

David zitterte, als er den Zug kommen sah. Er blieb stehen.

Seit jenem Tag hat David keine Anabolika mehr genommen, er ist seit 34 Monaten clean. Aber die Spätfolgen machen ihn fertig. [...] Er läuft über den Domplatz in Erfurt und blickt aus müden Augen: Er hat wieder die halbe Nacht auf dem Klo gehockt, Durchfall ist so eine Nebenwirkung, die ihn bis heute quält.

Die erste Pille bekam David von Thomas, dem älteren Bruder eines Freundes. David nahm sie auf dem Weg zum Fitnessstudio, dann setzte er sich ans Curlpult, um den Bizeps zu trainieren. Ging gut. Er war angefixt und kaufte bei Thomas eine ganze Packung. Nach drei Wochen drückte David auf der Bank 65 Kilo. Vorher hatte er nie mehr als 35 Kilo geschafft. Die Pillen öffneten ihm eine neue Welt. David war jetzt einer, auf den die Mädchen stehen. Er lernte Tanja kennen, seine erste Freundin.

David ging jeden Tag ins Studio, zuerst eine Stunde lang, dann zwei, dann zweieinhalb, »bis ich aus den Poren gequalmt habe«, sagt er. Er verdoppelte die Anabolika-Dosis, nahm zwei Tabletten auf einmal. Er bestellte sich Testosteron-Booster, ein Pulver, mit dem er sich jeden Morgen einen Drink anrührte.

Weil sein Taschengeld nicht reichte, um an den Stoff zu kommen, klaute David. Er zog anderen Jungs das Portemonnaie ab, brach in eine Zahnarztpraxis ein und verhökerte das Diebesgut. Zwei Jahre ging das so. Im Lauf der Zeit wurde David immer aggressiver, beim kleinsten Anlass stauchte er seine Freundin zusammen. »Wenn ich ProSieben geguckt habe und sie wollte, dass ich auf RTL umschalte, habe ich sie zur Schnecke gemacht«, sagt David. Und wenn Tanja mit ihm kuscheln wollte, ging er auf Distanz. »Intim lief nichts.«

Morgens wachte er schweißgebadet auf, sein Herz raste. Pickel sprossen in seinem Gesicht, auf den Schultern und dem Rücken – er hatte Steroid-Akne. Rote Flecken und Narben bildeten sich auf seiner Haut. Davids Augen färbten sich gelb, Anabolika belasten die Leber. Dazu die Schmerzen an den Brustwarzen. Es war zu viel für ihn, und David machte sich auf den Weg zu den Bahngleisen.

Er setzte die Tabletten und das Pulver ab, er ging nicht mehr in den Fitnessklub. Doch so schnell, wie er seinen Körper aufgepumpt hatte, so schnell fiel er jetzt in sich zusammen. David verlor an Gewicht. Er war antriebslos und lag oft im Bett. »Ich dachte, ich verfaule«, sagt er. Die depressiven Phasen kamen und gingen. [...] Seine Eltern wunderten sich, was mit ihrem Sohn los ist, fragten aber nicht weiter nach. David erzählte ihnen nichts, sie wissen bis heute nicht, dass er Anabolika genommen hat.

Lukas Eberle, Maik Großekathöfer: Muskelspiele, DER SPIEGEL 31/2015, https://www.spiegel.de/sport/muskelspiele-a-78831c9f-0002-0001-0000-000137324612

1. Beschreiben Sie Davids Situation.
2. Beschreiben Sie Davids Gründe für sein Verhalten.
3. Beschreiben Sie die Konsequenzen aus seinem Verhalten.
4. Setzen Sie sich mit der Frage auseinander, was David rückblickend über sein Verhalten sagen würde.

# 2 Männer- und Frauenbilder: David und Maria

**Vorwort**

Was macht eigentlich einen Mann zu einem Mann? Und wie ist das bei der Frau? Welche Bilder, wie eine Frau zu sein hat, und wie ein Mann zu sein hat, schwirren in unseren Köpfen und bestimmen unser Denken? Sind diese Bilder nur Klischees oder ist da auch etwas Wahres dran? Frauen und Männer sind anders – und meist auch anders als die Gesellschaft es gerne zulässt. Ein Männerkörper ist schon äußerlich anders als ein Frauenkörper. Und ebenso auf emotionaler, kognitiver Ebene: Eine Frau denkt, fühlt und handelt oft anders als ein Mann. Die Wissenschaft hat das erforscht.

Im folgenden Modul soll es weniger um konkrete Biologie als um die verschiedenen gesellschaftlichen Rollen von Mann und Frau gehen, die sich seit Jahrtausenden etabliert haben. Einer Bandbreite von unterschiedlichsten Frauen- und Männerbildern soll anhand der Geschichte eines Mannes und einer Frau nachgegangen werden. Da dieses Modul für den Religionsunterricht entwickelt wurde, wurde ein dezidiert religionspädagogischer Ansatz gewählt: Die bekannten biblischen Figuren David und Maria, König von Israel bzw. Mutter von Jesus, zeigen die Vielfältigkeit der Frauen- und Männerbilder (auch in der Bibel) auf. Diese fast epischen Frauen- und Männergeschichten bekräftigen, dass es schon immer eine Vielfalt an Möglichkeiten für Männer und Frauen gab, und dass dies auch gut so ist. Die unterschiedlichen Rollen, die Männer und Frauen einnehmen können, bedeuten Freiheit, Freiheit sich vielfältig zu zeigen und auszudrücken.

Dieses Modul nimmt aber auch die besondere Situation der geschlechtshomogenen Klassen an Beruflichen Schulen in den Blick: Je nach Ausbildungsgang bilden sich oft reine Frauen- oder reine Männerklassen. Deshalb wurde entschieden, dieses Modul auch in zwei Teile zu strukturieren, und Männer und Frauen getrennt darzustellen. Dies kann eine Chance für die jeweilige Klasse sein, sich intensiv in einem geschützten Rahmen mit dem eigenen Geschlecht zu befassen – oder andersherum gedacht, mit dem jeweils anderen Geschlecht.

# 2A Mann, David! – Macho, Mörder, Musiker?

HARALD BECKER

**Die Idee zum Modul**

Gewerblich-technische Ausbildungsberufe sind nach wie vor oft eine reine Männerdomäne, die entsprechenden Berufsschulklassen meist reine »Männer-Klassen« bzw. »Jungen-Klassen«. Gerade zu Beginn ihrer Ausbildung stehen die Schüler (aus den genannten Gründen wird im Folgenden bewusst stets die männliche Form verwendet) also vor der Herausforderung, sich nicht nur in ihrem Beruf, sondern auch in der damit verbundenen »Männerwelt« zu orientieren.

Das vorliegende Modul will männlichen Heranwachsenden ermöglichen, ihre latenten Rollenbilder zu formulieren und im Gespräch mit anderen sowie in Auseinandersetzung mit biblischen Rollenbildern zu modifizieren.

Als biblische Bezugsperson bietet sich hierfür David an. Denn einmal werden die David-Geschichten relativ umfangreich erzählt und bieten über die anschauliche Narration einen leichten Zugang. Zum anderen findet sich in den Texten eine Bandbreite von schillernden, z. T. auch widersprüchlichen Facetten von »Männlichkeit« (Gewaltmensch und Poet, intrigant und bescheiden, aktiv und Spielball anderer, …).

Zugleich kann das Modul als »Diagnose-Instrument« dienen, zu welchen Aspekten ggf. noch eine Vertiefung seitens der Lehrkraft erfolgen könnte/sollte.

**Verlaufsübersicht**

*Einstieg: »Männer-Themen«:*

Die Lehrkraft hängt im Unterrichtsraum verteilt sieben »Männer-Themen« aus:
- A: Der kleine Bruder
- B: Männerfreundschaft
- C: Konkurrenzkampf
- D: Gangsta's Paradise
- E: Sex and Crime
- F: Geschwisterliebe?
- G: Vater und Sohn

Die Schüler ordnen sich einem dieser Themen zu.

Ideal ist, wenn sich Gruppen von drei bis fünf Schülern ergeben. Sollten bei einem Thema deutlich mehr Schüler stehen, können auch mehrere Gruppen zum gleichen Stichwort gebildet werden.

Dabei müssen nicht alle Stichwörter bearbeitet werden. Schon die Zuordnung der Schüler bietet der Lehrkraft Aufschlüsse, welche Themen für die Schüler gerade relevant sind.

*Erarbeitung: »Männer-Bilder«:*

Jede Gruppe erhält ein Bild (M2.1A–M2.1G) zu ihrem »Männer-Thema«. Es handelt sich um die Illustration einer biblischen David-Geschichte, was den Schülern zu diesem Zeitpunkt aber noch nicht mitgeteilt wird. Sie sollen zu diesem Bild eine Geschichte entwerfen und diese auf mögliche »männliche« bzw. »unmännliche« Eigenschaften und Verhaltensweisen untersuchen.

Der offene Zugang ermöglicht es den Schülern, assoziativ Punkte zur Sprache zu bringen, die sie gerade bewegen. Gleichzeitig ermöglichen die Geschichten, eigene Rollenbilder zu benennen, ohne direkt dafür »haftbar« gemacht zu werden, sodass die Schüler auch mit Rollenmustern spielen können.

*Vertiefung: »Männer-Texte«:*

Nun werden die Bibeltexte vorgestellt, zu denen die Bilder ursprünglich entstanden sind. Damit diese Texte kontextuell verortet werden können, wird zunächst im Plenum das Info-Blatt M2.2 (Übersicht über die David-Geschichten) gelesen. Anschließend bearbeitet jede Gruppe den ihr zugewiesenen Bibeltext (Arbeitsblätter M2.3A–M2.3G).

Allen Gruppen gemeinsam ist die Aufgabe, die eigene Geschichte zum Bild mit dem biblischen »Original« zu vergleichen und die festgestellten »(un)männlichen« Verhaltensweisen bzw. Eigenschaften ggf. zu modifizieren. Darüber hinaus erhält jede Gruppe eigene themenspezifische »Aufgaben zum Weiterdenken« (Aufgabe 3). Schließlich werden die wichtigsten Ergebnisse auf Moderationskarten notiert.

Ziel ist es also, den Schülern durch die Begegnung mit den verschiedenen »Männlichkeits-Aspekten« der David-Geschichten erweiterte oder alternative Rollenbilder anzubieten. Deswegen wurden bewusst solche Geschichten ausgewählt, die nicht dem klassischen Rollenbild entsprechen, das bei Schülern an gewerblichen Schulen in der Regel dominiert, oder dieses zumindest problematisieren.

*Ergebnissicherung (und ggf. Vorbereitung des weiteren Unterrichts):*
Die Gruppen stellen reihum ihr Bild mit ihrer Geschichte und dem zugehörigen Bibeltext vor. Die in den Gruppen notierten Moderationskarten werden geclustert. Kontroverse Rollenaspekte können sofort (kurz) diskutiert und/oder durch die Lehrkraft in den folgenden Stunden vertieft werden.

## Übersicht: Die »Männer-Themen« mit zugeordneten Bibeltexten und Bildern

Die folgende Tabelle zeigt auf, welche »Männerthemen« welchen Bibeltexten zugeordnet sind und welche Bilder der vorliegende Entwurf hierzu jeweils vorschlägt.

Dabei steht es im Ermessen der Lehrkraft, welche Bibelübersetzung verwendet wird, ebenso wie die Entscheidung, ob die Texte als Kopie ausgegeben oder von den Schülern in einer gebundenen bzw. digitalen Bibelausgabe gesucht werden sollen.

Kriterium der Bildauswahl war zum einen die leichte Verfügbarkeit im Internet (Wikimedia Commons bzw. zeno.org), zum anderen zwecks Förderung der ästhetischen Kompetenz eine gewisse künstlerische Bandbreite. Natürlich können je nach unterrichtlichen Erfordernissen (und auch nach Geschmack der Lehrkraft) andere Bilder gewählt werden, etwa auch Bilder eines einzigen Zyklus (z. B. Gustave Doré oder Julius Schnorr von Carolsfeld).

|   | »Männer-Thema« | Bibeltext | Überschrift | Vorschlag für ein Bild |
|---|---|---|---|---|
| A | Der kleine Bruder | 1 Sam 16,1–13 | David wird zum König gesalbt | Synagoge von Dura Europos, Samuel salbt David |
| B | Männerfreundschaft | 1 Sam 18,1–9; 1 Sam 19,1–7; 1 Sam 31,1–4; 2 Sam 1,17.25–27 | David und Jonatan | Giovanni Battista Cima de Conegliano, Jonatan und David mit dem Haupt Goliats |
| C | Konkurrenzkampf | 1 Sam 18,5–9; 1 Sam 19,8–12; 1 Sam 22,1 f.; 1 Sam 24,1–23 | Sauls Eifersucht auf David; David verschont Saul | Julius Schnorr von Carolsfeld, Die Bibel in Bildern (zu 1 Sam 19) |
| D | Gangsta's Paradise | 1 Sam 22,1 f.; 1 Sam 25,2–35 | David, Abigajil und Nabal | Peter Paul Rubens, David trifft Abigajil |
| E | Sex and Crime | 2 Sam 11,1–12,13 | David, Batseba und Urija | Jan Massys, David und Batseba |
| F | Geschwisterliebe? | 2 Sam 13,1–29.38-39 | Amnon und Tamar | Jan Steen, Amnon und Tamar |
| G | Vater und Sohn | 2 Sam 15,1–16; 2 Sam 16,15.20–22; 2 Sam 18,1–15; 2 Sam 19,1–9 | Abschaloms Aufstand | Albert Weisgerber, Absalom |

## Literatur

Alexander Achilles Fischer: Art. »David (AT)«, in: WiBiLex (Januar 2009), https://www.bibelwissenschaft.de/stichwort/16233/.

Religion betrifft uns, Heft 6/2010: David. Lichtgestalt oder Mafioso?

entwurf, Heft 4/2011: Junge, Junge! Jungs im Religionsunterricht (darin bes. 36–39: Andreas Obenauer, Typisch Jungs! Biblische Geschichte und christliche Identität – eine Lernstraße für Jungen in der Sekundarstufe).

Andreas Obenauer: Reli für Jungs. Didaktische Impulse für einen jungengerechten Religionsunterricht, Göttingen 2014.

# M2.1 A Männer-Bilder

**Gruppe A: Der kleine Bruder**

1. Entwerfen Sie eine Geschichte zu diesem Bild.
2. Prüfen Sie: Welche Verhaltensweisen oder Eigenschaften im Bild oder in Ihrer Geschichte empfinden Sie als »männlich«, welche als »unmännlich«?

## M2.1 B Männer-Bilder

**Gruppe B: Männerfreundschaft**

1. Entwerfen Sie eine Geschichte zu diesem Bild.
2. Prüfen Sie: Welche Verhaltensweisen oder Eigenschaften im Bild oder in Ihrer Geschichte empfinden Sie als »männlich«, welche als »unmännlich«?

## M2.1  C Männer-Bilder

**Gruppe C: Konkurrenzkampf**

1. Entwerfen Sie eine Geschichte zu diesem Bild.
2. Prüfen Sie: Welche Verhaltensweisen oder Eigenschaften im Bild oder in Ihrer Geschichte empfinden Sie als »männlich«, welche als »unmännlich«?

# M2.1 D Männer-Bilder

**Gruppe D: Gangsta's Paradise**

1. Entwerfen Sie eine Geschichte zu diesem Bild.
2. Prüfen Sie: Welche Verhaltensweisen oder Eigenschaften im Bild oder in Ihrer Geschichte empfinden Sie als »männlich«, welche als »unmännlich«?

## M2.1  E Männer-Bilder

**Gruppe E: Sex and Crime«**

1. Entwerfen Sie eine Geschichte zu diesem Bild.
2. Prüfen Sie: Welche Verhaltensweisen oder Eigenschaften im Bild oder in Ihrer Geschichte empfinden Sie als »männlich«, welche als »unmännlich«?

# M2.1  F Männer-Bilder

**Gruppe F: Geschwisterliebe?**

1. Entwerfen Sie eine Geschichte zu diesem Bild.
2. Prüfen Sie: Welche Verhaltensweisen oder Eigenschaften im Bild oder in Ihrer Geschichte empfinden Sie als »männlich«, welche als »unmännlich«?

## M2.1 G Männer-Bilder

Gruppe G: Vater und Sohn

1. Entwerfen Sie eine Geschichte zu diesem Bild.
2. Prüfen Sie: Welche Verhaltensweisen oder Eigenschaften im Bild oder in Ihrer Geschichte empfinden Sie als »männlich«, welche als »unmännlich«?

# M2.2 Die David-Geschichten im Überblick

Die Bilder, zu denen Sie gearbeitet haben, sind ursprünglich als Illustrationen zu einem Bibeltext entstanden. Alle diese Texte handeln vom jüdischen König David.

Damit Sie die Bilder und die zugehörigen Texte besser einordnen können, finden Sie unten einen Überblick über den Zusammenhang der David-Geschichten.

Die ausführlichen Texte können Sie in der Bibel im Alten Testament nachlesen, im ersten und zweiten Buch Samuel (1 Sam/2 Sam) und im ersten Buch der Könige (1 Kön).

| Die David-Geschichten | Hintergrund für Gruppe | Bibeltexte |
| --- | --- | --- |
| Ungefähr 1000 v. Chr.: Die Stämme des Volkes Israel werden vom Nachbarvolk der Philister angegriffen. Die Israeliten wählen Saul zum Anführer und ersten König. Saul tut jedoch nicht immer Gottes Willen. Darum bestimmt der Prophet Samuel den Hirtenjungen David zum künftigen König. | A Der kleine Bruder | 1 Sam 4–7<br><br>1 Sam 8–12<br><br>1 Sam 16 |
| Saul weiß das nicht. Weil er zunehmend depressiver wird, holt er David als »Musiktherapeuten« an den Königshof. Aber auch als Kämpfer gegen die Philister ist David erfolgreich. David wird der Freund von Sauls Sohn Jonatan und heiratet Sauls Tochter Michal. | B Männerfreundschaft | 1 Sam 16–18 |
| Saul wird zunehmend eifersüchtig auf den erfolgreichen und beliebten David und will ihn umbringen. David kann jedoch fliehen. | C Konkurrenzkampf | 1 Sam 18–26 |
| David sammelt eine Bande von »Outlaws«. Sie leben zunächst von Schutzgelderpressungen, aber auch von Raubzügen gegen feindliche Stämme. | D Gangsta's Paradise | 1 Sam 22–30 |
| Saul und Jonatan sterben im Kampf gegen die Philister. Daraufhin wird David neuer König. Er erobert Jerusalem und macht es zu seiner Hauptstadt. In der Folgezeit besiegt David die Philister und unterwirft auch alle anderen Nachbarvölker. | E Sex and Crime | 1 Sam 31<br><br>2 Sam 2–5<br><br>2 Sam 8–12 |
| David hat mehrere Frauen und eine Reihe von Kindern. Zwischen Davids Söhnen kommt es zu Rivalitäten, auch um die Thronfolge. Beispielsweise tötet Abschalom seinen Halbbruder Amnon, weil dieser Abschaloms Schwester Tamar vergewaltigt hat. | F Geschwisterliebe? | 2 Sam 3.5<br><br>2 Sam 13 |
| Danach zettelt Abschalom einen Aufstand gegen seinen Vater David an. Jedoch gewinnen Davids Truppen den Kampf, und Abschalom wird getötet. | G Vater und Sohn | 2 Sam 15–19 |
| Nach Davids Tod wird schließlich Salomo, Davids Sohn mit Batseba, sein Nachfolger. | (Nachgeschichte zu Gruppe E) | 1 Kön 1–2 |

## M2.3  A Männer-Texte

**Gruppe A: Der kleine Bruder**
**Lesen Sie den Bibeltext**
**1 Sam 16,1–13.**

Aufgaben:
1. Fassen Sie den Text kurz zusammen, sodass Sie den anderen Gruppen erklären können, worum es geht.
2. Vergleichen Sie den Bibeltext mit Ihrer Geschichte zu dem Bild.
   Welche Übereinstimmungen oder Ähnlichkeiten gibt es, welche Unterschiede?
   Gibt es Punkte im Bibeltext, die Sie überrascht haben?
   Achten Sie dabei besonders auf die »männlichen« und »unmännlichen« Verhaltensweisen oder Eigenschaften, die Sie zu Ihrem Bild herausgearbeitet haben.
3. Zum Weiterdenken:
   a) Sie haben sich für das Thema »Der kleine Bruder« entschieden.
      Möglicherweise sind Sie selbst der jüngste von mehreren Brüdern.
      Welche Erfahrungen können Sie in dem Bibeltext wiederfinden,
      und welche Wünsche und Hoffnungen bringt der Bibeltext zum Ausdruck?
   b) Perspektivwechsel: Wie sehen das die älteren Brüder?
4. Schreiben Sie die wichtigsten Gruppenergebnisse auf Moderationskarten auf (mindestens drei Karten). Es bleibt Ihnen überlassen, ob Sie Stichwörter, Sätze (z. B. »Ein Mann ...«) oder Fragen formulieren.
5. Klären Sie, wer Ihre Gruppenarbeit anschließend im Plenum vorträgt.

# M2.3  B Männer-Texte

**Gruppe B: Männerfreundschaft**
**Lesen Sie die Bibeltexte**
**1 Sam 18,1–9; 1 Sam 19,1–7; 1 Sam 31,1–4 und 2 Sam 1,17.25–27.**

Aufgaben:
1. Fassen Sie die Texte kurz zusammen, sodass Sie den anderen Gruppen erklären können, worum es geht.
2. Vergleichen Sie die Bibeltexte mit Ihrer Geschichte zu dem Bild.
   Welche Übereinstimmungen oder Ähnlichkeiten gibt es, welche Unterschiede?
   Gibt es Punkte in den Bibeltexten, die Sie überrascht haben?
   Achten Sie dabei besonders auf die »männlichen« und »unmännlichen« Verhaltensweisen oder Eigenschaften, die Sie zu Ihrem Bild herausgearbeitet haben.
3. Zum Weiterdenken:
   »Mein Bruder Jonatan, deine Liebe ist mir wundersamer gewesen, als Frauenliebe ist.« (2 Sam 1,26 in der Luther-Übersetzung 2017) – Wie verstehen Sie diesen Satz?

   **Evtl. als Anregung zwei Äußerungen aus einem Unterrichtsgespräch:**

   > »War David schwul?«
   > »Frauen kannst Du viele haben, einen guten Freund findest Du nur einmal.«

4. Schreiben Sie die wichtigsten Gruppenergebnisse auf Moderationskarten auf (mindestens drei Karten). Es bleibt Ihnen überlassen, ob Sie Stichwörter, Sätze (z. B. »Ein Mann ...«) oder Fragen formulieren.
5. Klären Sie, wer Ihre Gruppenarbeit anschließend im Plenum vorträgt.

## M2.3  C Männer-Texte

**Gruppe C: Konkurrenzkampf**
**Lesen Sie die Bibeltexte**
1 Sam 18,5–9; 1 Sam 19,8–12; 1 Sam 22,1 f. und 1 Sam 24,1–23.

**Aufgaben:**
1. Fassen Sie die Texte kurz zusammen, sodass Sie den anderen Gruppen erklären können, worum es geht.
2. Vergleichen Sie die Bibeltexte mit Ihrer Geschichte zu dem Bild.
   Welche Übereinstimmungen oder Ähnlichkeiten gibt es, welche Unterschiede?
   Gibt es Punkte in den Bibeltexten, die Sie überrascht haben?
   Achten Sie dabei besonders auf die »männlichen« und »unmännlichen« Verhaltensweisen oder Eigenschaften, die Sie zu Ihrem Bild herausgearbeitet haben.
3. Zum Weiterdenken:
   Warum verschont David Saul, der ihn doch verfolgt?
   Was sagt der Bibeltext dazu?
4. Schreiben Sie die wichtigsten Gruppenergebnisse auf Moderationskarten auf (mindestens drei Karten). Es bleibt Ihnen überlassen, ob Sie Stichwörter, Sätze (z. B. »Ein Mann ...«) oder Fragen formulieren.
5. Klären Sie, wer Ihre Gruppenarbeit anschließend im Plenum vorträgt.

## M2.3 D Männer-Texte

**Gruppe D: Gangsta's paradise**
**Lesen Sie die Bibeltexte**
1 Sam 22,1 f. und 1 Sam 25,2–35.

**Aufgaben:**
1. Fassen Sie die Texte kurz zusammen, sodass Sie den anderen Gruppen erklären können, worum es geht.
2. Vergleichen Sie die Bibeltexte mit Ihrer Geschichte zu dem Bild.
   Welche Übereinstimmungen oder Ähnlichkeiten gibt es, welche Unterschiede?
   Gibt es Punkte in den Bibeltexten, die Sie überrascht haben?
   Achten Sie dabei besonders auf die »männlichen« und »unmännlichen« Verhaltensweisen oder Eigenschaften, die Sie zu Ihrem Bild herausgearbeitet haben.
3. Zum Weiterdenken:
   a) Vergleichen Sie die »Strategien« von Nabal und Abigajil, wie sie den Konflikt mit David angehen.
   b) Robin Hood, der »Outlaw« im Western, der »Gangsta« im Getto US-amerikanischer Großstädte und jetzt auch der Bandenführer David – was macht die Faszination solcher Gestalten aus?
4. Schreiben Sie die wichtigsten Gruppenergebnisse auf Moderationskarten auf (mindestens drei Karten). Es bleibt Ihnen überlassen, ob Sie Stichwörter, Sätze (z. B. »Ein Mann ...«) oder Fragen formulieren.
5. Klären Sie, wer Ihre Gruppenarbeit anschließend im Plenum vorträgt.

## M2.3  E Männer-Texte

**Gruppe E: Sex and Crime**
Lesen Sie den Bibeltext
2 Sam 11,1–12,13.

Aufgaben:
1. Fassen Sie den Text kurz zusammen, sodass Sie den anderen Gruppen erklären können, worum es geht.
2. Vergleichen Sie den Bibeltext mit Ihrer Geschichte zu dem Bild.
   Welche Übereinstimmungen oder Ähnlichkeiten gibt es, welche Unterschiede?
   Gibt es Punkte im Bibeltext, die Sie überrascht haben?
   Achten Sie dabei besonders auf die »männlichen« und »unmännlichen« Verhaltensweisen oder Eigenschaften, die Sie zu Ihrem Bild herausgearbeitet haben.
3. Zum Weiterdenken:
   David zeigt in dieser Geschichte viele unterschiedliche Aspekte von »Männlichkeit«, positive und negative. Das betrifft sowohl sein Verhalten gegenüber Batseba und Urija als auch sein Gespräch mit dem Propheten Natan. An welchen Stellen des Bibeltextes erscheint Ihnen David als positives Beispiel von »Männlichkeit«, an welchen Stellen negativ?
   Vielleicht können Sie sogar eine Rangliste der verschiedenen Aspekte von Davids »Männlichkeit« anfertigen?
4. Schreiben Sie die wichtigsten Gruppenergebnisse auf Moderationskarten auf (mindestens drei Karten). Es bleibt Ihnen überlassen, ob Sie Stichwörter, Sätze (z. B. »Ein Mann ...«) oder Fragen formulieren.
5. Klären Sie, wer Ihre Gruppenarbeit anschließend im Plenum vorträgt.

## M2.3 F Männer-Texte

Gruppe F: Geschwisterliebe?
**Lesen Sie den Bibeltext**
2 Sam 13,1–29.38–39.

Aufgaben:
1. Fassen Sie den Text kurz zusammen, sodass Sie den anderen Gruppen erklären können, worum es geht.
2. Vergleichen Sie den Bibeltext mit Ihrer Geschichte zu dem Bild.
   Welche Übereinstimmungen oder Ähnlichkeiten gibt es, welche Unterschiede?
   Gibt es Punkte im Bibeltext, die Sie überrascht haben?
   Achten Sie dabei besonders auf die »männlichen« und »unmännlichen« Verhaltensweisen oder Eigenschaften, die Sie zu Ihrem Bild herausgearbeitet haben.
3. Zum Weiterdenken:
   a) Wie beurteilen Sie das Verhalten der drei beteiligten Männer Amnon, Abschalom und David?
   b) Die Geschichte wird offensichtlich aus Männer-Perspektive erzählt:
   Nach 2 Sam 13,20 verschwindet Tamar aus der Geschichte, den Rest »machen die Männer unter sich aus«.
   Sehen Sie die Geschichte einmal aus Tamars Perspektive:
   Wie geht es *ihr* wohl in den Jahren danach?
   Welches Verhalten hätte sie sich von ihrem Bruder Abschalom und ihrem Vater David gewünscht?
4. Schreiben Sie die wichtigsten Gruppenergebnisse auf Moderationskarten auf (mindestens drei Karten). Es bleibt Ihnen überlassen, ob Sie Stichwörter, Sätze (z. B. »Ein Mann ...«) oder Fragen formulieren.
5. Klären Sie, wer Ihre Gruppenarbeit anschließend im Plenum vorträgt.

## M2.3 G Männer-Texte

Gruppe G: Vater und Sohn
**Lesen Sie die Bibeltexte**
2 Sam 15,1–16; 2 Sam 16,15.20–22; 2 Sam 18,1–15 und 2 Sam 19,1–9.

Aufgaben:
1. Fassen Sie die Texte kurz zusammen, sodass Sie den anderen Gruppen erklären können, worum es geht.
2. Vergleichen Sie die Bibeltexte mit Ihrer Geschichte zu dem Bild.
   Welche Übereinstimmungen oder Ähnlichkeiten gibt es, welche Unterschiede?
   Gibt es Punkte in den Bibeltexten, die Sie überrascht haben?
   Achten Sie dabei besonders auf die »männlichen« und »unmännlichen« Verhaltensweisen oder Eigenschaften, die Sie zu Ihrem Bild herausgearbeitet haben.
3. Zum Weiterdenken:
   a) Der erwachsen gewordene Sohn, der sich gegen seinen alten Vater auflehnt – (wie weit) können Sie Abschaloms Handeln nachvollziehen?
   b) Der zweite Gegensatz in der Geschichte besteht zwischen dem kühl berechnenden Heerführer Joab und dem sentimentalen König David. Auf wessen Seite sind hier Ihre Sympathien? Warum?
4. Schreiben Sie die wichtigsten Gruppenergebnisse auf Moderationskarten auf (mindestens drei Karten). Es bleibt Ihnen überlassen, ob Sie Stichwörter, Sätze (z. B. »Ein Mann …«) oder Fragen formulieren.
5. Klären Sie, wer Ihre Gruppenarbeit anschließend im Plenum vorträgt.

## 2B Maria, Madonna: Mutter, Ehefrau, Heilige, Pop-Ikone! Was macht eine Frau zu einer Frau?

ALEXANDRA WÖRN

**Die Idee zum (Teil-)Modul**

»*Frau zu sein, ist nicht einfach. Man muss denken wie ein Mann, sich aufführen wie eine Dame, aussehen wie ein Mädchen und arbeiten wie ein Pferd.*« So der Spruch auf einer Postkarte.

Frau zu sein, ist tatsächlich nicht einfach, vor allem, wenn frau (unbewusst) versucht, allen Klischees dieses Postkartenspruchs zu entsprechen! Was macht eigentlich eine Frau zu einer Frau? War es schon immer so kompliziert? Trotz aller Hürden, Barrieren und einiger verschlossenen Türen hatten Frauen noch nie so viele Freiheiten und Möglichkeiten, ein selbstbestimmtes und authentisches Leben zu führen wie heute. Eine Frau darf heute z. B. ihren Beruf frei wählen und eine Familie haben und ihr eigenes Geld besitzen und aktiv politisch Einfluss nehmen.

Dieses Teilmodul nimmt also die klassischen Rollenbilder von Frauen unter die Lupe und hat zum Ziel, dass sich Schülerinnen an Beruflichen Schulen selbst fragen, wie sie (als Frauen) gerne leben wollen. Es tut dies ganz bewusst für den Religionsunterricht und mithilfe von klassischen biblischen Rollenbildern. Maria, die Mutter Jesu, hat wie kaum eine biblische Figur unser heutiges Frauenbild mitgeprägt – also nicht nur katholische, sondern auch evangelische Schülerinnen. Obwohl Maria in der Lebenswelt der Schülerinnen höchstwahrscheinlich keine größere Rolle spielt, ist sie doch Teil unseres kulturellen Gedächtnisses und unserer Alltagskultur. Auch interreligiös kann Maria eine interessante Figur sein.

Wer ist also Maria, diese für das Christentum archetypische Frau? Sie ist deutlich mehr als nur unberührte Frau und perfekte Mutter. Die Bibel, genauer gesagt das Neue Testament, zeichnet ein komplexes Bild von dieser jungen Frau. Auch im Islam nimmt Maria eine besondere Stellung ein: Sie ist die einzige Frau, die im Koran namentlich erwähnt wird. In der christlichen Tradition wird Maria zur Heiligen, zur Königin, und somit zur ersten Frau im Himmel verklärt. Wenn man also genauer hinschaut, ist Maria eine schillernde, ungewöhnliche Frau, die viele unterschiedliche Aspekte des Frau-Seins verkörpert. Selbst im eher säkularen 20. und 21. Jahrhundert darf Maria als Madonnenfigur sogar in den profanen Himmel für Lebensmittelprodukte und Popmusik einziehen. Somit ist Maria, auch visuell, aus unserer säkularen Welt nicht wegzudenken.

Marias Geschichte ist beispielhaft für die Rolle der Frau in unserer Gesellschaft: Zugespitzt lässt sich sagen, dass sich Frauen in der westlichen Welt, bewusst oder unbewusst, am Vorbild Marias abarbeiten müssen. Welche Fragen, Vorstellungen und Bilder haben also Schülerinnen im Hinblick auf ihr eigenes Frau-Sein? Das Thema dieses Moduls hat auch die Zukunft der Schülerinnen im Blick, will Wissen vermitteln und deren Problembewusstsein schärfen, warum Männer und Frauen andere Rollen und Möglichkeiten hatten und bis heute noch haben, und was das bis heute für Folgen mit sich bringt. Somit legt dieses Teilmodul einen besonderen Fokus darauf, dass Frauen nicht nur auf bestimmte Rollenmuster (z. B. der Ehefrau und Mutter) festgelegt sind, sondern schon immer mehr Möglichkeiten hatten und haben als die Gesellschaft es ihnen anbietet.

Es ist bezeichnend, dass es historisch fast unmöglich ist, anhand der Lebensgeschichte einer Frau die Rollenvielfalt von Frauen darzustellen. Bis vor kurzem war eine Frau eher die stille, private statt öffentliche Heldin. Eine Frauenbiografie kann jedoch genauso facettenreich sein wie die eines Mannes, z. B. die des König Davids; aber um dies historisch zeigen zu können, müssen oft viele unterschiedliche Geschichten zu einer zusammengefügt werden, was den Rahmen dieses Teilmoduls sprengen würde: z. B. die Geschichten von *Eva,* der Urmutter aller Menschen, mit der von *Hagar,* einer ägyptischen Magd und sozusagen alleinerziehenden Mutter von Ismael sowie auch der von *Esther,* einer Königin und Kämpferin für die Rechte von Minderheiten. Nur so könnte eine klassische Frauenbiografie sich überhaupt in Bezug auf Länge und Komplexität z. B. an der eines König David messen lassen. Der Grund dafür ist bekannt: Das Leben von Frauen war bis vor kurzem noch durch Einschränkungen, Barrieren, Unterwerfungen und festgefahrene Rollenbilder gekennzeichnet, die auch noch heute die Lebenswirklichkeiten von vielen Frauen, auch die der Schülerinnen an Beruflichen Schulen, prägen. Somit hat dieses Teilmodul Ausbildungsklassen mit einem hohen Frauenanteil im Blick. Es wäre auch spannend zu sehen, wie sich Schüler mit dem Thema »Frau-Sein« auseinandersetzen.

## Unterrichtsbaustein
*Bist Du auch wie Maria?*

M2.4 Kennst Du Maria?
M2.5 Phänomen Maria: Vier weitere Facts
M2.6 Jungfrau oder Verführerin: Wer war Maria und wer bin ich?
M2.7 Und was ist Jungfräulichkeit?
M2.8 Perfekte Mutter!?
M2.9 Ziemlich beste Freundinnen: Maria und Elisabeth!
M2.10 Kämpferin und Königin der Armen
M2.11 Maria, der Superstar

## Ziel:
Die Schülerinnen und Schüler lernen anhand von biblischen Texten zu Maria unterschiedliche klassische Rollenbilder von Frauen kennen und setzen sich kritisch mit diesen auseinander.

Am Beispiel von Maria bekommen Schülerinnen und Schüler erste Eindrücke von den Hürden, aber auch von den Möglichkeiten, die Frauen damals und heute haben und hatten.

## Literatur

Silke Petersen: Art. »Maria, Mutter Jesu«, in: WiBiLex (Mai 2011), https://www.bibelwissenschaft.de/stichwort/51981/.

Andreas Renz: Art. »Maria, im Christentum und Islam« in: WiReLex (Februar 2019), https://www.bibelwissenschaft.de/stichwort/200624/.

Mirjam Schambeck sf, Kirsti Greier: Art. »Maria (Mutter Jesu), bibeldidaktisch (Primar- und Sekundarstufe)«, in: WiReLex (Februar 2019), https://www.bibelwissenschaft.de/stichwort/200623/.

## M2.4 Kennst Du Maria?

*Maria war ein unbekanntes jüdisches Mädchen, das vor gut 2.000 Jahren gelebt hat. Sie war damals eine Unbekannte – und eigentlich wissen wir heute immer noch sehr wenig von ihr. Die Bibel erzählt, dass Gott Maria ganz bewusst als Mutter seines Sohnes ausgesucht hat. Maria wurde so zu einer der berühmtesten Frauen der Menschheitsgeschichte.*

Wirestock on Freepik

1. Überlegen Sie, was Sie von Maria wissen und was Sie mit ihr verbinden. Um das Foto herum gibt es genügend Platz, um Ihre Gedanken zu notieren.
2. Maria ist aus unserem Alltag kaum wegzudenken, wir begegnen ihr ständig. Recherchieren Sie, wo Ihnen Maria, auch visuell, in Ihrem Alltag begegnet.
3. Für viele Menschen dient Maria heute noch als Vorbild: Überlegen Sie, was für ein Vorbild Maria für Sie sein könnte.

## M2.5 Phänomen Maria: Vier weitere Facts

### 1. Fact: Die Krippe und Weihnachten
Gerade zu Weihnachten hat Maria Konjunktur. Da steht sie dann lächelnd an der Krippe – und schweigt. So ist sie berühmt geworden. Da vergisst man leicht, dass in der scheinbar so duldsamen Gottesmutter auch revolutionäre Kraft steckt.

In der Advents- und Weihnachtszeit kommt kaum jemand an Maria vorbei: keine Krippe ohne die »Gottesmutter«, die Gottesgebärerin, die nach katholischer Lehre im Grunde das Gefäß ist, um Gottes Sohn in die Welt zu bringen. Ein Gefäß, eine Frau, die absolut rein sein muss.

Deshalb entwickelte die katholische Kirche 1854 das Dogma von der unbefleckten Empfängnis. Dabei geht es darum, dass schon Maria ohne Makel im Mutterleib entstand, quasi als Embryo bereits frei von der sogenannten Erbsünde war.

Bei der Geburt Jesu war Maria sicher noch sehr jung – 13, 14 Jahre alt, vermutet man; allerdings war sie kein willenloses Werkzeug Gottes, meint die Kunsthistorikerin Claudia Höhl. »… sie muss erst mal einwilligen. Und sie lässt sich auf das Ganze ein, durchaus wissend, dass das vielleicht alles nicht so einfach ist.«

Sie lässt sich auf das Wirken Gottes ein, weil sie tiefgläubig ist, sagt der emeritierte Regensburger Theologe Wolfgang Beinert. »Die eigentliche Rolle Marias im Neuen Testament: Sie ist die große Glaubende. So könnte man ihre Rolle im Neuen Testament zusammenfassen.«

### 2. Fact: Jungfrau oder junge Frau?
Aber war die »große Glaubende« nun eine – wie es im Katholischen heißt – »immerwährende Jungfrau« oder nur eine sehr junge Frau? … Die Protestantin Silke Petersen, Professorin für Neues Testament an der Uni Hamburg, erklärt: »Exegetisch würde ich das so sehen, dass es klar ist, dass Maria noch mindestens sechs weitere Kinder gehabt hat nach Jesus, weil die Namen von vier Brüdern und Schwestern neutestamentlich erwähnt werden. Das heißt, es war eine Frau mit mindestens sieben Kindern …«

Mateus Campos Felipe on Unsplash

### 3. Fact: Hauptaufgabe Schutz und Trost
Maria breitet den Mantel aus und ist die Beschützerin der ganzen Christenheit. Gerade von Mitte des 19. Jahrhundert an setzte die katholische Kirche im Kampf gegen die Moderne auf Maria, sagt der Theologe Wolfgang Beinert: »Jetzt sucht man irgendwo jemanden, der einem helfen kann und da ist Maria nach alter Tradition die mächtige Fürsprecherin. Wenn man sich an Maria wendet, kann einem nichts mehr passieren. Da ist man auf der sicheren Seite.«

Maria hat viele Seiten: Sie ist die vermeintliche Beschützerin – sogar in Kriegen. Sie ist aber auch die Trösterin: »Weil sie unter dem Kreuz Jesu gestanden hat und damit im Prinzip in den Abgrund des menschlichen Lebens reingeguckt hat. Was Schlimmeres als seinen Sohn scheitern und sterben zu sehen, gibt es eigentlich nicht«, sagt Bastian Rütter, katholischer Theologe im Marienwallfahrtsort Kevelaer.

### 4. Fact: Anbetung – aber nur, wenn sie stumm ist

Maria ist diejenige unten den himmlischen Heerscharen, an die man sich am besten wenden kann. »Ich habe den Eindruck, dass gerade unseren, ich sage mal, älteren Frauen das Weibliche im Gott fehlt, weswegen über die Jahrhunderte auch der Marienkult so extrem gewachsen ist«, sagt Maria Hagenschneider von der Katholischen Frauengemeinschaft Deutschlands.

»Das heißt im Grunde, dass sie die Maria anbeten, als sei sie göttlich. Das ist ein Punkt, der mich zornig macht: Der Mensch Maria wird auf einen Sockel gehoben und muss still sein. Die politische Frau, die das Magnifikat gesungen hat, die darf nicht vorkommen.«

Die Katholikin Maria Hagenschneider kritisiert, dass Maria von ihrer Kirche für eine bestimmte Rolle instrumentalisiert wurde und wird. Das sieht Horst Gorski ganz ähnlich … »Es gibt ja im Lukasevangelium ihren Satz: ›Mir geschehe, wie du gesagt hast.‹ Und dieser Satz, der ist in einer sehr langen Tradition zu einem Vorbild demütigen Mutterseins, Frauseins gebraucht worden: dass die Frau dem zuzustimmen hat, was geschieht.«

insung yoon on Unsplash

Michael Hollenbach: Duldsame Jungfrau und feministisches Vorbild, Deutschlandfunk Kultur, 22.12.2019, https://www.deutschlandfunkkultur.de/warum-maria-so-beliebt-ist-duldsame-jungfrau-und.1278.de.html?dram:article_id=466437

1. Halten Sie fest, was Sie in den vier Facts über Marias Leben und Nachleben erfahren.
2. Jede*r von uns hat ein eigenes Bild von Maria in seinem*ihrem Kopf. Begründen Sie, welcher der vier Facts am ehesten zu Ihrem eigenen Bild passt. Begründen Sie auch, welches Bild von Maria Ihnen fremd ist.
3. »Fehlt uns Frauen das Weibliche in Gott?« Überlegen Sie, ob unsere Bilder von Gott oder dem Göttlichen tatsächlich zu männlich geprägt sind.

# M2.6 Jungfrau oder Verführerin: Wer war Maria und wer bin ich?

»Gute Mädels kommen in den Himmel, böse überall hin«: So hört frau es immer noch oft. Maria war gut, unschuldig und liebend und jetzt ist sie im Himmel. Es scheint also, als ob frau sich entscheiden muss: entweder lieb oder frech, angepasst oder aufmüpfig, unschuldig oder verführerisch zu sein. Aber muss und will frau sich denn für die eine oder andere Schublade entscheiden?

rawpixel.com on Freepik

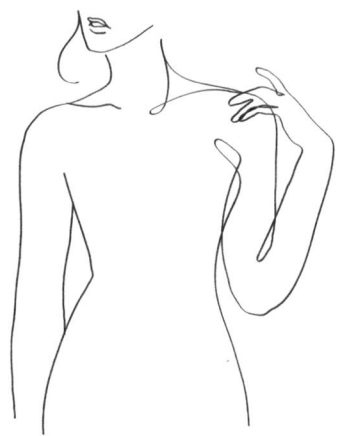

1. Oft wird Maria als unschuldig oder keusch dargestellt – eine andere Maria aus der Bibel, Maria von Magdala, meist als verführerisch. Eine Frau hat aber nicht nur eine Seite. Recherchieren Sie zur Figur Maria von Magdala und vergleichen Sie die beiden Marias miteinander.
2. Die Silhouette auf diesem Arbeitsblatt, das sind Sie selbst. Gestalten Sie Ihre Silhouette so kreativ wie möglich. Heben Sie ihre unterschiedlichen Seiten auch visuell hervor.
3. Begründen Sie, warum man in unserer Gesellschaft immer noch vermehrt Frauen in die eine oder andere Schublade steckt, und wie das Ihr eigenes Frau-Sein beeinflusst.

# M2.7 Und was ist Jungfräulichkeit?

*Jungfräulichkeit = Maria. So spukt es oft in unseren Köpfen herum. Was heißt es für eine Frau, Jungfrau zu sein – und gibt es das tatsächlich? Hier einige bedenkenswerte Facts zu diesem Phänomen:*

Marites Allen on Unsplash

**Warum wir aufhören sollten, von »Jungfräulichkeit« zu reden**

Der Glaube an die Jungfräulichkeit hält sich hartnäckig. Dabei hat er gar keine medizinische Grundlage. Aber er macht vielen Menschen Angst, damit die Lust kaputt. Zeit, daran etwas zu ändern.

Vieles lebt durch Witze weiter. Wie zum Beispiel mit diesem, der mir mal in einer amerikanischen Bar erzählt wurde: Eine deutsche Jungfrau. Die ist eng. Haha. Und: aua.

Aber das ist eine erfundene Tatsache. Ein kulturelles Konzept. Es ist jedoch so gut konstruiert – durch Witze, Bilder und Rituale –, dass immer noch viele nicht wissen: Jungfräulichkeit hat überhaupt keine medizinische Grundlage.

Dieses Konzept existiert lediglich in unserer Vorstellung. Und in dem, was wir mit dieser Vorstellung machen. Jungfräulichkeit begegnet uns an vielen Orten und auf verschiedene Weisen. Zum Beispiel in (hoffentlich) gut gemeinten Ratschlägen der Sorte »Mach' es nicht mit dem Erstbesten!« und »Es wird wehtun, aber dann hast du es hinter dir«. Auch in der Literatur, in Berichten über Kinderehen, in Bildern der Jungfrau Maria, in Brautschleiern und in Dokumentationen amerikanischer Purity Balls.

Mit all dem wird betont: Jungfräulichkeit ist etwas, das Frauen verlieren. Ein Verlust, der im Extremfall sogar wertlos macht.

Worum es aber wirklich geht, sind Frauenkörper. Und darum, was wir glauben, wer Frauen grundsätzlich sind und sein sollten. Um Normen und Kontrolle. Ganz automatisch geht es dabei auch um Männer. Und die Macht, die ihnen zugeschrieben wird. Ob sie wollen oder nicht.

### Von junger Frau zu Jungfrau

Bezeichnete die Jungfrau historisch gesehen zunächst nur unverheiratete Frauen, wurde daraus schließlich die noch nicht entjungferte Frau. Eine Frau, die noch keinen penetrativen Sex hatte. Das war lange genug ein wichtiges Gut. Als Jungfrau eine Ehe einzugehen, war eine Selbstverständlichkeit. Denn die Jungfräulichkeit war bares Geld. Noch 1968 konnte eine Frau vor einem deutschen Gericht ein sogenanntes Kranzgeld einklagen, weil ihr Verlobter mit ihr geschlafen hatte, ohne sie – wie versprochen – anschließend zu heiraten.

Jungfräulichkeit ist demzufolge ein Wert. In vielen Kulturen immer noch der einzige, den eine Frau für sich beanspruchen kann.

### Es gibt kein Jungfernhäutchen

Dabei ist Jungfräulichkeit medizinisch gesehen ausgemachter Quatsch. Das Hymen, oder auch Jungfernhäutchen, ist nämlich gar kein Häutchen. Das Hymen ist ein Gewebesaum, der die Vaginalöffnung umschließt. Er ist bei jeder Frau unterschiedlich ausgeprägt. Manche Frauen haben sogar überhaupt kein Hymen. Dieser Gewebesaum bleibt ein Leben lang bestehen, auch nach mehreren Geburten. Dieser Saum kann nicht durchreißen. Nicht beim Fahrradfahren, nicht beim Spagat. Und auch nicht beim Sex.

Niemand kann also beurteilen, ob eine Frau noch Jungfrau ist, also ob sie schon penetrativen Sex hatte oder nicht. Wenn der erste penetrative Sex trotzdem als schmerzhaft empfunden wird, liegt das meist daran, dass die Vagina nicht feucht genug ist.

### Schmerzen, Ängste, Vorurteile

Es gibt leider nicht nur öde Witze darüber, sondern auch zig Foren, in denen Menschen diese Ängste diskutieren: *Wie mache ich es am Besten? Soll ich grob sein, damit sie es hinter sich hat? Kann ich mit einem Typen schlafen, auch wenn ich mir keine Zukunft mit ihm vorstellen kann? Sie ist schon voll ausgeweitet, weil sie mit mehreren Männern geschlafen hat!*

In der Konsequenz entwerfen Beratungsstellen Aufklärungsbroschüren, Frauen versuchen, sich aus Angst selbst zu entjungfern oder suchen nach Möglichkeiten, das angebliche Häutchen wiederherzustellen. Auch Männer haben Angst.

Trotz dieser Vorurteile hört man ständig, dass zu viel über Sex geredet und geschrieben würde ... Wenn es so viele Menschen gibt, die Angst vor etwas haben, das gar nicht existiert – dann wird offensichtlich noch lange nicht genug darübergeschrieben!

Denn es geht ja auch nicht nur um die ganz konkreten Ängste, um Fragen wie »Soll ich ein Taschentuch dabeihaben« oder »Welches Gleitgel benutzt ihr?«. Es geht um einiges mehr. Um unsere Vorstellungen davon, was Sex überhaupt ist und sein soll. Was Lust für die Geschlechter bedeutet und was Frauen für Menschen sind. Eine Schlampe, schon eine richtige, ehrbare Frau oder noch ein enges Mädchen?

So lange es dieses Konzept der Jungfräulichkeit gibt, messen wir auch einer bestimmten Art Sex den höchsten Wert zu. Das lässt nicht nur alle Menschen außen vor, die Penis in Vagina nicht so spannend finden. Es vermittelt uns auch: Ein Frauenkörper ist etwas, das beim Sex kaputtgehen kann und dabei dauerhaft seine Unschuld verliert. Es geht um die weibliche sexuelle Selbstbestimmung und unser Selbstbild.

Kurzum: Es geht um ziemlich viel. Und das ist doch ein wirklich guter Grund endlich aufzuhören, diesen Jungfräulichkeits-Humbug weiterzuerzählen, oder? Und sei es nur mit einem dämlichen Witz.

Gunda Windmüller: Warum wir aufhören sollten, von »Jungfräulichkeit« zu reden, ze.tt, 07.11.2016, https://ze.tt/warum-wir-aufhoeren-sollten-von-jungfraeulichkeit-zu-reden/

---

1. Fassen Sie mit eigenen Worten zusammen, was Sie selbst bisher unter Jungfräulichkeit verstanden haben und wie dieser Artikel eventuell Ihren Blick darauf verändert hat.
2. Nehmen Sie als Klasse Stellung zum Thema Jungfräulichkeit und Frau-Sein und gehen Sie gemeinsam den Frauen- und Männerbildern nach, die diese Denkmuster prägen.
3. Überlegen Sie, wie Ihr Glaube bzw. Ihre Religion Ihre eigene Sexualität geprägt haben. Halten Sie fest, was für Sie gut war und welche dieser Normen und Werten Sie behalten wollen, aber auch, wovon Sie sich verabschieden wollen.

## M2.8 Perfekte Mutter!?

Maria ist das Ideal einer liebenden Mutter: Lächelnd mit Jesus als Baby auf dem Arm oder trauernd mit dem verstorbenen Jesus. Was steckt hinter den Bildern, die wir in unseren Köpfen haben – und wie passt das zu unserer eigenen Realität? Was für eine Mutter war Maria tatsächlich und was für eine Mutter wären Sie vielleicht gerne oder eben auch nicht?

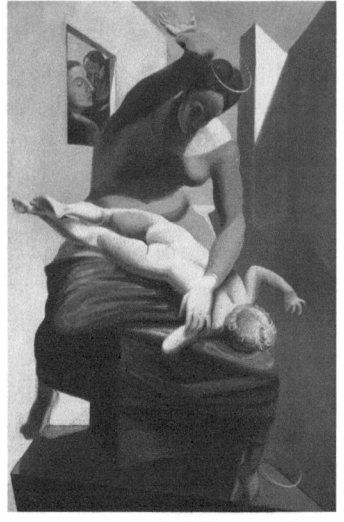

1. Betrachten Sie jedes Bild einzeln. Überlegen Sie, welches der Bilder am ehesten Ihrer Vorstellung nach Ihrem Bild von Maria als guter Mutter entspricht und welches Ihrem eigenen Mutterbild. Begründen Sie beide Entscheidungen.
2. Schauen Sie sich nochmals die Bilder genau an. Mit welcher Darstellung von Maria können Sie gar nichts anfangen? Begründen Sie auch hier Ihre Entscheidung.
3. In der Bibel wird nicht Josef als Vater von Jesus genannt, sondern Gott selbst. Jesus wuchs somit in einer Art Patchworkfamilie auf. Lesen Sie dazu Matthäus 1,18–25 und überlegen Sie, wie dieser andere Blick Ihr Bild von der Heiligen Familie verändert.
4. Manche Frauen entscheiden sich bewusst dagegen, Kinder zu bekommen. Recherchieren Sie das Phänomen der »gewollten Kinderlosigkeit« und überlegen Sie, warum einige Frauen diesen Weg wählen.

## M2.9 Ziemlich beste Freundinnen: Maria und Elisabet!

Eine beste Freundin ist wie die Schwester, die man sich selbst ausgesucht hat. Haben Sie auch eine beste Freundin? Als Maria hörte, dass sie schwanger war, ging sie zu ihrer Verwandten und Freundin Elisabet. Elisabet war für Maria da und half ihr.

### Lukas 1: Maria besucht Elisabet

³⁹Bald danach machte sich Maria auf den Weg und wanderte so schnell sie konnte zu einer Stadt im Bergland von Judäa. ⁴⁰Dort ging sie in das Haus von Zacharias und begrüßte Elisabet. ⁴¹Dann, als Elisabet den Gruß von Maria hörte, sprang das Kind vor Freude in ihrem Bauch. Elisabet wurde mit Heiligem Geist erfüllt ⁴²und rief mit lauter Stimme: »Gesegnet bist du unter allen Frauen und gesegnet ist das Kind in deinem Bauch [...] ⁵⁶Maria blieb etwa drei Monate bei Elisabet. Dann kehrte sie nach Hause zurück.

BasisBibel, © 2021 Deutsche Bibelgesellschaft, Stuttgart

Pontormo, Der Besuch (1528/1529)

1. Halten Sie mindestens fünf Dinge fest, die für Sie eine beste Freundin ausmachen.
2. Beschreiben Sie, was das Bild und der Bibeltext über die Freundschaft von Maria und Elisabet verrät.
3. Man kann nur eine beste Freundin für andere sein, wenn man zu sich selbst wie eine beste Freundin ist: Schreiben Sie einen Freundschaftsbrief an sich selbst.
4. Für Christ*innen ist z. B. Gott wie ein bester Freund: Beschreiben Sie Ihre Beziehung zu Gott oder dem Göttlichen und überprüfen Sie, ob diese auch Merkmale einer besten Freundschaft hat.

# M2.10 Kämpferin und Königin der Armen

Maria wird auch als Kämpferin für Arme und Schwache dargestellt. In der Bibel gibt es ein Gebet Marias, Magnifikat genannt, wo sie Gott dankt, dass er sich auf die Seite der Armen und Schwachen in der Welt stellt. Durch ihr Gebet zeigt Maria, dass auch sie sich für arme und schwache Menschen einsetzt.

**Lukas 1**

⁴⁶Da sagte Maria: »Ich lobe den Herrn aus tiefstem Herzen. ⁴⁷Alles in mir jubelt vor Freude über Gott, meinen Retter. ⁴⁸Denn er wendet sich mir zu, obwohl ich nur seine unbedeutende Dienerin bin. Sieh doch: Von jetzt an werden mich alle Generationen glückselig preisen. ⁴⁹Denn Gott, der mächtig ist, handelt wunderbar an mir. Sein Name ist heilig. ⁵⁰Er ist barmherzig zu denen, die ihn ehren und ihm vertrauen – von Generation zu Generation. ⁵¹Er hebt seinen starken Arm und fegt die Überheblichen hinweg. ⁵²Er stürzt die Machthaber vom Thron und hebt die Unbedeutenden empor. ⁵³Er füllt den Hungernden die Hände mit guten Gaben und schickt die Reichen mit leeren Händen fort. ⁵⁴Er erinnert sich an seine Barmherzigkeit und kommt seinem Diener Israel zu Hilfe. ⁵⁵So hat er es unseren Vätern versprochen: Abraham und seinen Nachkommen für alle Zeiten!«

*BasisBibel, © 2021 Deutsche Bibelgesellschaft, Stuttgart*

1. Lesen Sie gemeinsam als Klasse Marias Gebet laut vor und lesen Sie es gerne mehrmals in unterschiedlichen Lautstärken. Überlegen Sie danach gemeinsam, was für ein Bild von Gott Maria hat und wofür sich dieser Gott in Marias Gebet einsetzt.
2. Beschreiben Sie Ihr eigene Vorstellung von Gott oder dem Göttlichen und halten Sie fest, wozu diese Vorstellung von Gott Sie Ihrer Meinung nach inspiriert.
3. Marias Gebet hat Menschen über Generationen hin auch künstlerisch inspiriert. Nehmen Sie den Text des Magnifikats und bearbeiten Sie ihn als »Blackout Poem«, d. h. schwärzen Sie den Text, sodass am Ende nur einige wenige Worte übrigbleiben, die ihrerseits wieder einen neuen Text, ein neues Gedicht etc. ergeben.

# M2.11 Maria, der Superstar

*Die Mutter Jesu wird in der Kunst vielfältig dargestellt: z.B. mit oder ohne Krönchen, mit gefalteten Händen oder mit Kind im Arm, so die Autorin Mechthild Klein. Und jetzt wird noch eine weitere Rolle hinzugefügt: Maria, der Schrecken der Mächtigen.*

### Maria Superstar

Sie heißen Unserer lieben Frau, Sankt Maria oder Lieb-Frauenkirche – gemeint ist immer Maria, die Mutter Jesu. Sie ist Schutzpatronin vieler Kirchen in Europa. [...] Die Freiburger Theologiestudentin Carolin Hochstuhl fasst zusammen, was inzwischen viele theologisch interessierte Frauen über Maria denken.

»Es ist eigentlich eine Wahnsinns-Frauenfigur. Die aber in der Interpretation, in der traditionellen, total problematisch geworden ist für das Frauenbild. Weil halt eben nur dieses jungfräulich-mütterliche, also entweder jungfräulich oder mütterlich funktioniert – aber auf die normale Frau bezogen. ... und dabei würde das total viel Raum bieten für eine neue Interpretation, weil ohne Maria hätte die ganze Geschichte nicht angefangen.«

Im Mittelalter hatte Maria in der Kirche schon einmal eine zentrale Rolle gespielt. Vom 12. bis 16. Jahrhundert war Maria eine Art Superstar – Männer wie auch Frauen verehrten sie.

»Da ist sie wirklich eine ganz ganz machtvolle Gestalt, die sozusagen gleichauf ist mit der Dreifaltigkeit. Der auch die Engel dienen müssen, wie auch den drei Personen der Trinität«, sagt die österreichische Theologie-Professorin und Buchautorin Theresia Heimerl. [...]

### Beschützerin vor dem strengen Gott

Auch als sogenannte Schutzmantelmadonna nimmt Maria im Mittelalter eine zentrale Rolle ein. In den Darstellungen trägt sie einen breiten Mantel oder Umhang, unter dem viele kleine Menschen stehen. Sie suchen unter diesem Mantel Schutz vor Hunger, vor Seuchen und Kriegen, sagt Theresia Heimerl.

»Das Interessante ist, dass es durchaus Darstellungen gibt, wo Maria unter ihrem Mantel Menschen abschirmt vor dem Zorn Gottes. Der dann mit Pfeilen tatsächlich auf diese Menschen zu schießen versucht. Die dann von diesem Mantel abgehalten werden. Das ist schon sehr interessant, dass Maria zur mütterlichen und auch sehr mächtigen Beschützerin der Menschen wird.«

»Das ist natürlich der Klassiker, dass man sich als kleiner Mensch nicht direkt an Gott wendet oder sich zu wenden traut, sondern ähnlich jetzt dem mittelalterlichen Lehnswesen, dass man einen ranghöheren Fürsprecher oder in dem Fall Fürsprecherin hat, die für einen dann interveniert beim höchsten, allermächtigsten Herrscher, in dem Fall Gott.«

### Antike Göttinnen mischen mit

Und wenn Menschen damals die Marien-Kirchen betraten, dann zündeten sie nicht nur ein Licht vor dem Marien-Schrein an. Sie fühlten sich auch von Maria adoptiert. Im Mittelalter gab es die Vorstellung, dass uneheliche Kinder unter den Mantel genommen wurden. Das war auch eine rechtliche Geste, die ihnen Schutz garantierte.

Ein anderes Motiv in diesen Kirchen ist die Sternenkranz-Madonna, die auf einer Mondsichel steht. »Das verdankt sich ursprünglich Bildern aus der Apokalypse, der Offenbarung des Johannes. Wo von einer Frau eben, angetan mit der Sonne und so weiter die Rede ist, die mit Maria gleichgesetzt wird«, so Heimerl. Da fließen auch Vorstellungen über antike Göttinnen der Liebe und Schönheit wie Aphrodite und Venus ein. Auch sie werden mit dem Morgenstern bzw. Abendstern verbunden, sagt Heimerl.

Auch wenn Maria fast schon im Himmel residierte und eine mächtige Rolle als Fürsprecherin der Menschen vor Gott eingenommen hatte. Genossen die Frauen auf der Erde damals auch so viel Wertschätzung?

»Das ist eben einer der klassischen Fehlschlüsse, der nicht nur fürs Christentum gilt, sondern auch für Religionen, wo wir tatsächlich weibliche Gottheiten haben. Also ich kann für das mittelalterliche Christentum genauso wenig schlussfolgern, dass die Gesellschaft deswegen generell Frauen sehr positiv gesehen oder gleichgestellt hätte – wie wir das heute formulieren würden.«

### Nicht nur Ja und Amen

Nun gab es zwei große Brüche in der sehr ausufernden Marienverehrung: Mit der Reformation vor 500 Jahren war für die Protestanten erst mal Schluss mit Maria. Und ab den 1960er und 1970er Jahren waren Frauen weniger offen für diese Frömmigkeit. Weil sie mit einem Frauenbild verbunden wurde, das nur Demut und Unterordnung kannte.

Heimerl: »Wo Frauen, durchaus theologisch interessierte oder kirchlich engagierte Frauen, zunehmend feststellen, dieses Marienbild, das mir da von der kirchlichen Obrigkeit oder auch in lehramtlichen Texten vorgesetzt wird. Das ist ein Frauenbild, das kann ich überhaupt nicht mittragen. So das wird eher zu so einem Bild wie eine moderne Frau, eine emanzipierte, eine selbstbestimmte Frau nicht sein möchte.«

Erst in diesem Jahr [2019] formte sich ein katholisches Bündnis in Deutschland, das sich den Namen Maria 2.0 für ihre Bewegung ausgesucht hat. Nach dem Missbrauchsskandal verlangen diese Frauen die Gleichstellung in der Kirche, den Zugang zu Weihe-Ämtern ...

Die Theologin Theresia Heimerl wundert der Aufschwung nicht. Es gibt nämlich noch eine andere Seite an Maria zu entdecken. Sie habe eben nicht Ja und Amen gesagt, sei kein braves Hausmütterchen gewesen, wie bestimmte Theologen und Lehramtliche Schreiben glauben machen wollten. Maria – die unverheiratet schwanger wurde – habe mit ihrer Schwangerschaft gegen die Konventionen der Gesellschaft verstoßen. Die Mutter Jesu sei ganz bewusst ein Risiko eingegangen.

»Wenn ich mir den Befund der Evangelien hernehme, ist das auch nicht eine ideale katholische Mutter. Der Sohn geht doch recht eigene und unorthodoxe Wege. Das ist eine Gestalt, die fast schon gleichberechtigt neben Jesus, neben Gott auch ihren Platz findet. Dann ist das angebracht, Maria auch als Vorbild zu nehmen.«

Mechthild Klein: Maria Superstar, Deutschlandfunk, 20.09.2019, https://www.deutschlandfunk.de/frauenbilder-maria-superstar.886.de.html?dram:article_id=459010

---

1. Wählen Sie eine der revolutionären Rollen Marias aus dem Text und nennen Sie Gründe, warum Sie diese besonders anspricht.
2. Finden Sie Mitschülerinnen, die die gleiche Rolle ausgewählt haben, und tun Sie sich als Gruppe zusammen. Recherchieren Sie noch mehr zu dieser Seite von Maria. Entwerfen Sie gemeinsam eine Art Werbeplakat, mit dem Sie diesen anderen Aspekt Marias bekannter machen könnten.
3. Maria kann uns als Frau auch inspirieren und Mut machen: Schreiben Sie einen Brief an Ihr zukünftiges Selbst und überlegen Sie darin, welche mutigen Schritte Sie als Frau bis in zehn Jahren gegangen sein möchten.

# 3 »Was, wenn ich beides bin?« – Geschlechtsidentität und Religion

JOACHIM RUOPP

### Die Idee zum Modul

Die Frage, inwiefern das Geschlecht von Menschen ein biologisches Merkmal oder soziale bzw. kulturelle Konstruktion ist, bewegt Wissenschaft und Gesellschaft gleichermaßen. Beruhend auf der Entscheidung des Bundesverfassungsgerichts vom 13. November 2017 kann seit 2019 ein drittes Geschlecht in deutsche Geburtsregister eingetragen werden. Dabei kannte schon das Allgemeine Preußische Landrecht von 1794 einen sog. Zwitterparagrafen, der eine Autonomie in Sachen Geschlechtswahl für intersexuelle Menschen vorsah.

Weltweit setzt sich die LGBTIQ-Gemeinschaft dafür ein, Menschen, deren biologisches Geschlecht, deren sexuelle Orientierung bzw. Identität nicht der Normativität eines binären Geschlechterdenkens entsprechen, besser in den Blick zu bekommen. Schülerinnen und Schüler an beruflichen Schulen nehmen Teil an den oft erregten Debatten zu den Fragen, ob Menschen ausschließlich männlich oder weiblich sind und ob sie sich männlich und weiblich verhalten müssen. Häufig werden diese Diskussionen mit viel Emotion und mit einer Tendenz zu Polarisierungen geführt. Das macht die unterrichtliche Bearbeitung der Fragen schwieriger, aber die pädagogische Aufgabe umso nötiger. Nicht selten bekennen sich Schülerinnen und Schüler an beruflichen Schulen auch zu ihrer Homosexualität. Manche haben konkrete Anschauungen von inter- oder transsexuellen Menschen aus ihrer Familie oder ihrem Umfeld, über die sie reden möchten.

Die vorliegenden Unterrichtsideen verfolgen das Ziel, mit biografischen Narrationen zu arbeiten. Religionspädagogisch geht es darum, Menschen ein Gesicht zu geben und sie mit ihrem Lebensentwurf und Schicksal wahrzunehmen. Didaktisch eignen sich solche Biografien gut, weil sie sich der Empörung, aber auch einer oberflächlichen Faszination – insbesondere transidente Stars können diese ausüben – entziehen. Die Unterrichtsideen möchten Suggestionen vermeiden und nicht auf naive Art und Weise mehr Toleranz einfordern. Sie möchten die Sprachfähigkeit der Schülerinnen und Schüler erweitern und sie unterstützen bei der Klärung ihrer Position. Dabei spielt die Unterscheidung zwischen Emotionen und Argumenten eine wichtige Rolle.

Besondere Aufmerksamkeit verlangt die Frage, inwiefern religiöse Orientierungen bzw. christliche Theologie selbst binäre Geschlechtsidentitäten formen und diese normativ durchsetzen wollen. Hier ist kritische Reflexivität gefragt.

### Verlaufsübersicht

Das Modul besteht aus drei Bausteinen, die thematisch klar voneinander abgegrenzt sind, auch wenn das nicht unbedingt den Anschein hat. Im ersten Baustein geht es um Homosexualität, im zweiten um Transidentität und im dritten um Intersexualität. Die ersten beiden Bausteine begreifen die angesprochenen Phänomene als eine Herausforderung für die Ethik. Im dritten Baustein zur Intersexualität wird zudem die Frage christlicher Anthropologie virulent: Hier stellt sich die Frage, ob die christliche Tradition dichotomische Geschlechterbilder, wenn nicht hervorgebracht, so doch abgestützt hat und noch abstützt. Die Bausteine können auch einzeln bearbeitet werden.

### Unterrichtsbausteine

*1. Baustein: Homosexualität*
M3.1 Homosexualität: Fake oder Fakten?
M3.2 Outing nach der Karriere
M3.3 Homosexualität und Religion

### Ziel:

Der Baustein bietet eine Art Eingangsquiz, bei dem die Schülerinnen und Schüler ihre Vorkenntnisse zeigen und ihre Einstellungen und Haltungen formulieren können. Alle Aussagen, die in M3.1 zur Diskussion stehen, sind Fakten!

Quellen:
https://www.dw.com/de/frauenfu%C3%9Fball-in-deutschland-m%C3%BChsamer-weg-zur-akzeptanz/a-39552727

https://ligalive.net/diese-fussball-profis-sind-schwul-das-sind-die-geruechte-und-auf-das-coming-out-dieser-nationalspieler-kann-man-wetten/

https://www.maenner.media/gesundheit/psychologie/Metaanalyse-studien-suizidgefahr-lgbtiq/

Anmerkung: Zur Frage des Suizidrisikos von homosexuellen Jugendlichen gibt es eine breite Diskussion.

http://lernen-aus-der-geschichte.de/Lernen-und-Lehren/content/7808/

https://www.bpb.de/gesellschaft/gender/homosexualitaet/265197/homophobie

https://de.wikipedia.org/wiki/Homosexualit%C3%A4t

Anhand des Textes eines Video-Statements des bekannten deutschen Fußball-Profis Thomas Hitzlsperger erörtern die Schülerinnen und Schüler Ursachen für Homophobie.

M3.3 bietet Impulse für einen reifen hermeneutischen Umgang mit biblischen Texten, der bei genauem Lesen beginnt und mit der Frage, wie man ethische Weisungen der Bibel heute hören kann, nicht endet. Ein Abschnitt aus einem Vortrag von Jochen Cornelius-Bundschuh fordert, die Frage nach Homosexualität als eine ethische und nicht als eine anthropologische zu begreifen.

### 2. Baustein: Transidentität
M3.4 James, der Pfarrerssohn

### Ziel:
Der im Original deutlich längere Artikel aus der evangelischen Zeitschrift chrismon lautet dort: James meint es ernst. Bild und Text sind von großer Sensibilität und sperren sich gegen allzu rasches Fertig-Werden mit der Geschichte von James. Der Begriff der Transidentität ist dem der Transsexualität deutlich vorzuziehen.

Die Aufgaben möchten wenig lenken und einen Raum der Diskursivität eröffnen. Auch ablehnende Emotionen sollen geäußert werden können. Die Schülerinnen und Schüler diskutieren die Frage, ob eine Ablehnung von transidenten Menschen mit zunehmender Religiosität korreliert oder nicht. – Von James' Vater, einem evangelischen Pfarrer der württembergischen Landeskirche, liegen mittlerweile zahlreiche weitere Veröffentlichungen vor.

### 3. Baustein: Intersexualität
M3.5 Darf es ein Zwischen geben?
M3.6 Männlich und weiblich in der Bibel

### Ziel:
Taschas Geschichte beginnt, typisch und unerhört, mit einem fremdbestimmten medizinischen Eingriff. Sie ist insofern untypisch, weil sie medizinisch nicht bis zum Ende operiert wurde. An ihrer Geschichte wird aber in besonderer Weise die Bedrohung der psychischen Integrität von außen und die Herausbildung einer eigenen, dritten Geschlechtsidentität sichtbar. Die Schülerinnen und Schüler können Sensibilität beim empathischen Hineindenken in Tascha entwickeln und die ethische Problematik geschlechtsangleichender Operationen diskutieren. Im Fortgang können die Schülerinnen und Schüler Intersexualität aus einer evangelischen Perspektive diskutieren. Dabei werden auch Aufgaben angeboten, die die größere Lernsequenz abschließen können.

### Literatur

Klaus-Peter Lüdke: Jesus liebt Trans*. Transidentität in Familie und Kirchgemeinde, Göppingen 2018.

Conrad Krannich: Geschlecht als Gabe und Aufgabe. Intersexualität aus theologischer Perspektive, Gießen 2016.

Claudia Krell, Kerstin Oldemeier: Coming-out-und dann …?! Coming-out-Verläufe und Diskriminierungserfahrungen von lesbischen, schwulen, bisexuellen, tarns* und queeren Jugendlichen und jungen Erwachsenen in Deutschland, Bonn 2018.

Dominik Groß, Christiane Neuschaefer-Rube, Jan Steinmetzer (Hg.): Transsexualität und Intersexualität. Medizinische, ethische, soziale und juristische Aspekte, Berlin 2008.

Sexualitäten, Geschlechter und Identitäten. 8 Bausteine für die schulische und außerschulische politische Bildung. Bundeszentrale für politische Bildung, Themen & Materialien. 2018.

## M3.1 Homosexualität: Fake oder Fakt?

> Frauenfußball war in Deutschland bis 1970 verboten.

> In den drei deutschen Fußball-Profi-Ligen gibt es derzeit keinen aktiven und offen schwulen Spieler.

> Thomas Hitzlsperger ist der erste deutsche Profi-Fußballer, der seine Homosexualität offengelegt hat.

> Lesbische und schwule Jugendliche haben eine vier- bis siebenmal höhere Suizidrate.

> Im Jahr 1990 wurde Homosexualität von der Liste der Krankheiten der Weltgesundheitsorganisation gestrichen.

> Outing: Schwule Männer erleben etwas häufiger als lesbische Frauen ein »Outing« gegen ihren Willen (14 % vs 24 %)

> 96,5 % aller Männer in westlichen Industrienationen und 97,5 % aller Frauen sind weder homo- noch bisexuell.

1. Erörtern Sie, ob diese Aussagen erfunden oder real sind.
2. Entscheiden Sie sich für zwei der Aussagen, von denen Sie sagen: »Wenn es stimmt, ist das ja total unmöglich/ärgerlich/schrecklich!«
3. Formulieren Sie eine Definition für die Begriffe »Homosexualität« und »Homophobie«. Sie können dazu auch im Internet recherchieren.
4. Sammeln Sie Fragen für ein Interview mit einem homosexuellen Menschen.

# M3.2 Outing nach der Karriere

Ich habe im Verlauf eines langen Prozesses erkannt, dass ich homosexuell bin. Und ich habe jetzt die Entscheidung getroffen, mich öffentlich hierüber zu äußern. Es ist auch ein guter Zeitpunkt, denn meine aktive Sportlerkarriere ist abgeschlossen, und ein neuer Lebensabschnitt beginnt.

Ich vertrete schon seit Jahren die Auffassung, dass die distanzlose Fragerei nach meiner Sexualität und nach der anderer Fußballer vorbei sein muss. Sie zwingt Schwächere zur Lebenslüge. Allerdings, wenn Homosexualität ein Thema sein soll, dann möchte ich ein Wort mitreden zu dem, was gesagt, geschönt oder verdeckt wird. Ich stehe nicht unter Druck oder unter dem Zwang einer Outing-Kampagne. Im Gegenteil, ich habe mich ganz bewusst dafür entschieden, den Vorurteilen und Anfeindungen gegenüber Homosexuellen öffentlich entgegenzutreten. Ich habe mich für nichts zu schämen. In den letzten Jahren wurde mir nach und nach klar, welche Neigungen ich hatte. Mir fehlten zunächst einfach die Worte – nicht einmal zuhause und im Freundeskreis und schon gar nicht in der Mannschaft hätte ich darüber reden können. [...]

Meine Erkenntnis habe ich nicht von einem Tag zum andern erlangt – das war ein Prozess, der reifen musste. Erst vor etwa drei Jahren begann ich, mit meiner Familie und meinen Freunden darüber zu reden. Der Zusammenhalt und die Unterstützung waren und sind sehr groß. Das ist für mich ein großes Glück, und dafür bin ich sehr dankbar. [...] Der Fußball stand bei mir immer im Mittelpunkt. Ich habe das Leben eines Profispielers gelebt und mich voll und ganz mit dem Fußballsport identifiziert. [...] Egal ob in Deutschland, England oder Italien – in der Kabine gibt es ganz andere Themen. [...] Was ein Spieler über Homosexualität dachte, war in der Kabine ganz selten ein Thema.

Homosexualität wird im Fußball schlicht ignoriert. Für die Medien hingegen ist das schon seit Jahren ein Thema. Nur die betroffenen Spieler, die haben sich nicht getraut, sich zu ihren Neigungen zu äußern. Denn die Fußballszene begreift sich in Teilen immer noch als Machowelt. Das Bild eines schwulen Spielers wird von Klischees und Vorurteilen geprägt. Die Realität sieht anders aus. [...] In anderen Sportdisziplinen haben sich im vergangenen Jahr wieder einige Profisportler zu ihrer Homosexualität offenbart. Das ist ermutigend und führt hoffentlich dazu, dass irgendwann darüber nicht mehr geschrieben bzw. gesprochen wird.

Jeder Mensch sollte so leben dürfen, dass er wegen seiner Herkunft, Hautfarbe, sexuellen Neigung oder Religion keine Angst haben muss, diskriminiert zu werden. Das verstehe ich nicht als politisches Statement, sondern als Selbstverständlichkeit. [...] Unsere Gesellschaft ist offener und toleranter als viele glauben. Die sexuelle Orientierung darf nicht mehr skandalisiert werden. [...] Ich hoffe, dass ich mit diesem Schritt in die Öffentlichkeit jungen Spielern und Profisportlern Mut machen kann. Profisport und Homosexualität schließen sich nicht aus, davon bin ich überzeugt.

Thomas Hitzlsperger: Erklärung zu seinem Outing, Wortlaut in: manager magazin, 09.01.2014, https://www.manager-magazin.de/politik/deutschland/a-942553.html

1. Verfassen Sie eine Liste mit den Problemen, die Hitzlsperger beschreibt.
2. Skizzieren Sie das Verhältnis zwischen Fußballsport und Homosexualität.
3. Planen Sie eine Ideenwerkstatt für einen Fußballverein: »Unser Verein soll menschlicher werden«.
4. Diskutieren Sie die These Hitzlspergers, unsere Gesellschaft sei offener und toleranter als viele glauben.

## M3.3 Homosexualität und Religion

**Biblische Texte zum Thema**

**3 Mose 18,19–24** Du sollst nicht zu einer Frau gehen, solange sie ihren Blutfluss hat, um in ihrer Unreinheit ihre Scham zu entblößen. Du sollst auch nicht bei der Frau deines Nächsten liegen, dass du an ihr nicht unrein wirst. Du sollst auch nicht eins deiner Kinder geben, dass es dem Moloch geweiht werde, damit du nicht entheiligst den Namen deines Gottes; ich bin der Herr. Du sollst nicht bei einem Mann liegen wie bei einer Frau; es ist ein Gräuel. Du sollst auch bei keinem Tier liegen, dass du an ihm unrein wirst. Und keine Frau soll vor ein Tier treten, dass es sie begatte; es ist ein schändlicher Frevel. Ihr sollt euch mit nichts dergleichen unrein machen; denn mit alledem haben sich die Völker unrein gemacht, die ich vor euch her vertreiben will.

**1 Mose 1,26–28** Und Gott sprach: Lasset uns Menschen machen, ein Bild, das uns gleich sei, die da herrschen über die Fische im Meer und über die Vögel unter dem Himmel und über das Vieh und über die ganze Erde und über alles Gewürm, das auf Erden kriecht. Und Gott schuf den Menschen zu seinem Bilde, zum Bilde Gottes schuf er ihn; und schuf sie als Mann und Frau. Und Gott segnete sie und sprach zu ihnen: Seid fruchtbar und mehret euch und füllet die Erde und machet sie euch untertan und herrschet über die Fische im Meer und über die Vögel unter dem Himmel und über alles Getier, das auf Erden kriecht.

**1 Kor 6,9–10** Oder wisst ihr nicht, dass die Ungerechten das Reich Gottes nicht ererben werden? Täuscht euch nicht! Weder Unzüchtige noch Götzendiener noch Ehebrecher noch Lustknaben noch Knabenschänder noch Diebe noch Habgierige noch Trunkenbolde noch Lästerer noch Räuber werden das Reich Gottes ererben.

Lutherbibel, revidiert 2017, © 2016 Deutsche Bibelgesellschaft, Stuttgart

**Sexuelle Vielfalt als Herausforderung in Kirche und Gesellschaft**

Ethische Sätze der Bibel lassen sich nicht einfach eins zu eins in unsere Gegenwart übertragen. Der jeweilige Kontext will bedacht sein (vgl. z. B. Dtn. 22,5). Zudem ruft uns die Bibel selbst auf, bewusst in unserer Zeit Rechenschaft zu geben von der Hoffnung, die in uns ist. In diesem Sinne hat sich die evangelische Kirche in den letzten Jahrzehnten einen Katalog von Kriterien erarbeitet, der für jede Form des Zusammenlebens im Geist Christi grundlegend ist, auch für jede Form von Sexualität. Dazu gehören
- die Freiwilligkeit und der Konsens (Gewaltfreiheit),
- die Dauerhaftigkeit und die Verbindlichkeit der gegenseitigen Verpflichtung,
- die personale Bindung der Sexualität
- und die Unverfügbarkeit der Sexualität.

Diese vier grundlegenden Elemente betonen, dass Sexualität dann gelingt, wenn sie in einen personalen, vertrauens- und liebevollen Bezug eingebunden ist und die Beteiligten bereit sich, gegenseitig und generationenübergreifend Verantwortung zu übernehmen.

Jochen Cornelius-Bundschuh: Sexuelle Vielfalt als Herausforderung in Kirche und Gesellschaft, Vortrag in Walldorf am 22.03.2015, https://www.ekiba.de/html/aktuell/aktuell_u.html?&m=16515&cataktuell=&m=19431&artikel=7697&stichwort_aktuell=&default=true

1. Stellen Sie vor der Lektüre der Texte dar, was Sie zum Thema »Homosexualität und Religion« wissen.
2. Skizzieren Sie in einer Tabelle, welche Formen von Sexualität die biblischen Texte fordern und welche sie verbieten.
3. Erörtern Sie im Anschluss an den Text aus dem 3. Buch Mose, welche Verbote überzeitlich, also für alle Zeit gültig sind, und wie man das begründen kann.
4. Erläutern Sie die Kriterien von Cornelius-Bundschuh und diskutieren Sie, ob sie ausreichend sind.

## M3.4 James, der Pfarrerssohn

Sie haben die Fotos abgehängt. Darauf die jüngste Tochter im Bikini am Mittelmeer. Eine »Wasserratte« war sie, konnte schneller schwimmen als die sportlichen Eltern. Das Kind ertrug die Bilder nicht mehr. Es geht nicht mehr schwimmen. Niemand soll seinen Körper sehen. Den Körper eines Mädchens. [...]

Dass das Kind schon im Kindergarten fast ausschließlich mit Jungs spielte – der Vater fand es »cool«, wenn ein Mädchen sich gegen Jungs durchsetzen kann. [...] Die große Veränderung kam mit der Pubertät. Die setzte früh ein, mit elf. Das Kind wich den Eltern aus, gab Klavier- und Fußballspielen auf, war nur noch in seinem Zimmer, wurde fast unsichtbar. [...] Die Eltern waren besorgt, das war mehr als Pubertät. »Es ging unserem Kind nicht gut, aber es wollte noch nicht darüber reden«, sagt Sabine Lüdke. [...]

© Mario Wezel

Was machte das Kind in seinem Zimmer, damals, im Frühsommer 2016? Es war oft im Internet unterwegs. Auf der Fanseite einer Serie fand es einen Freund, der erwähnte in seinem Blog, dass er ein Trans-Junge sei. Das Kind googelte und entdeckte: »Das ist das, was ich auch bin! [...]« Der Zwölfjährige forschte weiter und fand heraus: Dass er sich als Junge empfindet, besser: als Junge weiß, obwohl er weiblich gebaut ist, das ist nicht seine Entscheidung, das ist tief in seiner Persönlichkeit angelegt; Psychiater nennen das Geschlechtsinkongruenz. Und weiter: Transidentität ist keine Krankheit, aber es kann krank machen, im empfundenen Geschlecht nicht leben zu können – zum Beispiel depressiv und suizidgefährdet. Einen Ausweg bieten können Pubertätsblocker, später gegengeschlechtliche Hormone, noch später womöglich auch geschlechtsangleichende Operationen. [...]

Es war eine Klohölle. Und jede Monatsblutung eine Niederlage. Wie konnte er nur seinen Körper davon abhalten, immer noch weiblicher zu werden? Wie bloß sollte er an Testosteron kommen?

Schließlich schrieb er an die ältere Schwester im Zimmer schräg gegenüber eine WhatsApp-Nachricht: Was meinst du, wie unsere Eltern reagieren würden, wenn sie erfahren würden, dass ich trans bin? James hat die Antwort der Schwester noch auf seinem Handy: »Puh, ok, das ist schwierig. Ich denke, am Anfang wird Mama vor allem denken, dass es eine Phase ist. Das wird, glaube ich, ein langer Weg.« [...]

**James erzählt, wie er seinen Eltern sagt, dass er transgender ist.**
Die Eltern reagierten instinktiv. »Obwohl wir nichts kapierten.« Der Vater, gerade am Steuer, schaute in den Rückspiegel und sagte: »Herzlich willkommen in unserer Familie, mein Sohn.« Die Mutter drehte sich

um: »Egal, wer und was du bist, wir lieben dich.« Ab sofort nannten sie ihn James. Das Kind strahlte. Erstmals seit langem. [...]

Die Eltern nahmen ihr Kind als Sohn an, aber sie waren verwirrt. Sie suchten nach der Ursache. Könnte es sein, dass sie so, wie sie ihre Ehe und Geschlechtsrollen leben, dem Kind nicht die Prägung gegeben hatten, die es braucht? Sabine und Klaus-Peter Lüdke teilen sich die Pfarrstelle, den Haushalt, das Kinderkümmern. Sie hinterfragten sogar ihre eigene Geschlechtsidentität. Lebe ich mein Frausein so unattraktiv, dass mein Kind lieber ein Mann sein will? Ist mein männliches Verhalten nur angelernt, habe ich vielleicht eine weibliche Identität, die ich nie zu leben wagte?

Sie lasen stapelweise Bücher und wissenschaftliche Studien und erfuhren: Man kennt die Ursache von Transidentität nicht genau. Geschlechtlichkeit bildet sich vor der Geburt aus, in den Organen, dann auch im Nervensystem mitsamt dem Gehirn. Jede Menge Gene und Hormone spielen mit. Ein komplizierter Vorgang, der nicht nur mit den Geschlechtschromosomen X und Y zu tun hat. Manchmal ist sogar einer von eineiigen Zwillingen transident. Vielleicht könnte man es schlicht so fassen: Transidentität ist eine Variante, eine Laune der Natur. Oder, für Gläubige, eine ganz besondere Idee des Schöpfers. [...] Bei Jugendlichen ist die Geschlechtsidentität schon ziemlich stabil, bei Erwachsenen ist etwa einer von 200 transident. Ein paar weitere Menschen fuhlen sich unwohl mit ihrem biologischen Geschlecht und der daran geknüpften Geschlechtsrolle, sind aber nicht transident. [...]

**Wie reagiert James' Umfeld?**
Die meisten konnten verstehen, dass die Eltern zu ihrem Kind halten, auch wenn ihnen Transidentität völlig fremd war. »Wir beten für euch«, sagten viele. Aber was, wenn Leute dafür beten, dass das Kind »wieder normal« wird? Die Eltern einigten sich: »Wir nehmen jedes Gebet an. Denn erst einmal ist ein Gebet eine Sympathiebekundung. Und Herr des Gebets ist Gott, er kann es in eine positive Richtung wenden.« [...]

Gut, dass er wenig mitbekommt von den Kämpfen, die die Eltern derzeit hinter seinem Rücken führen. Seit neuestem trudeln nämlich böse Briefe ein. Seit der Vater ein kleines Buch geschrieben hat: »Jesus liebt Trans*.« Diese bösen Briefe beginnen gerne so: »Lieber Klaus-Peter, ich bitte um Vergebung, dass ich dich verletzen muss, aber ...« Die Familie sei auf einem sündigen Weg. Dann werden Homosexualität und Transidentität verdammt und die entsprechenden Menschen gleich mit – außer sie schwören ihrer gottlosen Lebensweise ab. Dazu lade man sie natürlich herzlich ein. So fasst Klaus-Peter Lüdke die Haltung dieser Menschen zusammen. [...]

Für James ist gerade ganz anderes wichtig: Er wird endlich »Testo« kriegen, das gegengeschlechtliche Hormon Testosteron. Die Gutachter befürworten es bei ihm schon mit 15, nicht erst mit 16. »Man will ihm ermöglichen, innerhalb der Peergroup der Gleichaltrigen nicht zurückzufallen«, sagt Psychiater Meyenburg, »nicht dass er mit Milchgesicht noch mal zum Außenseiter wird, während die anderen Jungen schon Bartwuchs und Stimmbruch haben.« James habe ja alle Voraussetzungen erfüllt: Gutachten, Psychotherapie, anderthalbjähriges Alltagsleben als Junge. [...]

Außenstehende wenden hier gern ein: Darf man solch unwiderrufliche Sachen machen? Manche Leute bereuen das doch später! Ja, sagt Psychiater Meyenburg, aber das sind sehr wenige. Nicht mal ein Prozent derer, die als transident diagnostiziert wurden, will irgendwann lieber wieder im früheren Geschlecht leben – meist, weil sie den Druck ihres Umfeldes nicht mehr aushalten. [...]

Die Eltern wissen, dass ihr Kind sich freut auf die operative Entfernung der Brust. Natürlich mussten sie schlucken. »Aber wenn es ihm gut geht, werden auch wir froh.«

Sie haben ein enges Verhältnis. Und das in einem Alter, wo sich Jugendliche abgrenzen von den Eltern. »Nun sind wir seine Verbündeten«, sagt die Mutter, »das ist nicht lustig für ihn.« Kann James denn noch Geheimnisse haben? »Das hoffen wir doch!« Klar, sagt auch James. Aber gerade habe er keine.

Christine Holch: James meint es ernst, chrismon, 20.11.2018, https://chrismon.evangelisch.de/artikel/2018/41723/transident-erkannt-mit-12

---

1. Betrachten Sie das Bild und erzählen Sie sich von Ihren Einfällen dazu.
2. Ergänzen Sie die Impulse: »Mich hat überrascht, dass ...« Und: »Mir fällt schwer zu glauben, dass ...«
3. Beschreiben und diskutieren Sie den Zusammenhang von religiösen Überzeugungen und Transidentität.
4. Schreiben Sie einen Brief an James, in dem Sie ihm Fragen stellen, die Sie interessieren.

## M3.5 Darf es ein Zwischen geben?

*Tascha berichtet im Internet (Stand Dezember 2001):*
Als ich zur Welt kam, das war in Istanbul, hatte ich zwei Wölbungen in der Leiste. Nach einigen Untersuchungen sagte der türkische Kinderarzt zu meinen Eltern, daß ich eigentlich ein Junge sei und daß ich mich irgendwann mal umoperieren lassen müsse. […] Im Alter von 7 Jahren flog mein Vater mit mir nach Hamburg zu einem befreundeten Arzt. Der schickte uns in die Kinderklinik Altona. Man sagte meinem Vater, das wäre ein doppelseitiger Leistenbruch. Ich wurde operiert. Bei der OP stellte man fest, daß die Wölbungen kein Leistenbruch sondern Gonaden* waren. Sie wurden unter die Bauchdecke verlegt.

Zurück in Istanbul, ging für mich das Leben weiter. 1981 zogen wir nach Deutschland um, und in den folgenden Jahren kam ich in die Pubertät. Alle Mädchen bekamen Schamhaare, ihre Tage, nur ich nicht. Ich wußte nicht weshalb, aber meine Eltern sagten mir, das kommt noch, manche Mädchen entwickeln sich früher, andere später. Meine Brüste wuchsen, nur meine Regel wollte und wollte nicht eintreten. […]

Ich schämte mich so, mit meinem Vater beim Frauenarzt zu sitzen. […] Er erklärte mir, daß ich nach Ende der Pubertät ins Krankenhaus müsse, um die Gonaden entfernen zu lassen, daß ich ohne eine weitere OP keinen Sex haben könne, und daß wenn ich kein Sex hätte, eine Prothese tragen müsse und daß ich auch keine eigenen Kinder kriegen könne. […]

Bis zu diesem Zeitpunkt war ich unbekümmert gewesen, doch nun änderte sich alles schlagartig für mich. Ich wurde immer verklemmter, ging ungern ins Schwimmbad, zog mich in der Toilette um, damit meine Klassenkameraden mich nicht nackt sahen. Ich fühlte mich schlecht, wenn im Fernsehen Nacktszenen zu sehen waren. Sex und Sexualität waren für mich absolut tabu. Ich glaube, meine Eltern haben gar nicht gemerkt, daß ich mich in Grund und Boden geschämt habe und mir das sehr unangenehm war, wenn das Thema Sex aufkam.

Im Alter von 18 mußte ich dann in Düsseldorf in die Uniklinik, um mir die Gonaden entfernen zu lassen. Ich wurde gynäkologisch untersucht. Um mich herum standen sieben Ärzte, oder vielleicht waren es auch angehende Ärzte im Studium, die interessiert dem Professor lauschten und mir zwischen die Beine schauten. Die Untersuchungen waren schmerzhaft, und ich wollte nur noch sterben vor Scham. Noch nie in meinem Leben fühlte ich mich so ausgeliefert und verletzlich wie an diesem Tag. Ich kam mir regelrecht vergewaltigt vor. […]

Ein halbes Jahr später, ich war inzwischen 19, hieß es die Gonaden müßten raus, da meine Blutwerte nicht in Ordnung wären und die Gonaden bösartig werden könnten. Wieder nach erniedrigenden Untersuchungen ließ ich die OP über mich ergehen. Ich war froh, daß alles vorbei war. Doch die Ärzte und auch mein Frauenarzt drängten mich zur Scheiden-OP, da sie meinten, daß meine Scheide nur ein paar Zentimeter lang sei und blind enden würde. Mir wurde erklärt, daß man mir eine künstliche Scheide aufbauen wolle und daß dies ein größerer Eingriff wäre. […]

Man ließ mir Zeit. Kurz vor meinem Abitur verliebte ich mich das allererste Mal in einen Jungen aus meiner Schule. Ich hatte Angst, daß er wenn er herausfinden würde, was mit mir los ist, mich als ein Monster ansehen würde. Er zeigte großes Interesse an mir und ich war über beide Ohren verliebt. Das erste Mal in meinem Leben wagte ich, darüber zu sprechen. Ich hatte nichts zu verlieren. Ich ging davon aus, daß er sich niemals mit einem Mädchen wie mir einlassen würde. Ich war überrascht, als ich feststellte, daß er sehr gefühlvoll reagierte. Zum ersten Mal im Leben wurde ich intim mit einem Jungen und stellte fest, was es heißt zu lieben. Ich faßte neuen Mut und vereinbarte einen Termin für ein Gespräch bezüglich der Scheiden-OP in der Uniklinik. Mein Freund begleitete mich. Er war bei allen Gesprächen und Untersuchungen dabei. Er meinte, ich solle es für mich machen lassen, nicht für ihn.

Doch wie Beziehungen sind, ging meine erste große Liebe zu Ende und nach einem Jahr trennten wir uns. Nun sah ich keinen Anlaß, die Scheiden-OP machen zu lassen. Aber ich wußte, daß ich mich nicht schämen muß für das, was ich bin. Kurz darauf lernte ich einen neuen jungen Mann kennen und auch ihm schenkte ich reinen Wein ein. Auch er war sehr verständnisvoll. Diese Beziehung lief zwei Jahre. Ich konnte zwar keinen normalen Beischlaf praktizieren,

IMAGO/POP-EYE

aber mit bestimmten Stellungen und viel Phantasie liebten wir uns und es war für uns beide immer sehr schön. Heute bin ich 31 und mit meinem dritten Partner zusammen. Und das jetzt über sechs Jahre. Unsere Freundschaft haben wir 2001 mit einer Hochzeit besiegelt. Wir haben eine glückliche und harmonische Beziehung. Nun wollen wir beim Jugendamt den Antrag für unsere erste Adoption stellen.

Ich habe gelernt, daß AIS** nichts ist, wofür man sich schämen muß, im Gegenteil. Wir AIS-Frauen haben eine ganz besondere Liebe zu vergeben. Eine Liebe, die sehr innig und tief ist. Wir dürfen uns von unseren Gefühlen und von unserem Umfeld nicht unter Druck setzen lassen. Je mehr Menschen über AIS erfahren, um so normaler werden sie damit auch umgehen. Und um so einfacher werden AIS-Mädchen und AIS-Frauen mit ihrem Leben klarkommen. Ich schäme mich nicht mehr, es war ein langer Prozeß, den ich durchgemacht habe, aber ich habe erkannt, daß man sich von den geheimsten Gefühlen und den Empfindungen, die eine Seele sehr quälen und das Selbstwertgefühl völlig vernichten können, trennen muß. Und das geht nur, wenn man zu sich steht, zu dem was man ist. Eine Frau, die so viel zu geben hat, wie kaum eine andere. Eine Frau, die mehr ist als eine Frau. Ein Individuum.

Tascha

Tascha, XY-Frauen Selbsthilfegruppe, persönliche Geschichte, 15.12.2001, http://xy-frauen.de/tascha

\* Gonaden sind Geschlechtsdrüsen, die die Ausbildung der Geschlechtsorgane bestimmen, in diesem Fall Hoden.

\*\* Androgen-Insensitivitäts-Syndrom (AIS) ist eine der zahlreichen Formen intersexueller Geschlechtsentwicklung, bei der Menschen mit männlichem Chromosomensatz weibliche Entwicklungen zeigen.

1. Ergänzen Sie die Impulse: »Mich hat empört, dass ...« Und: »Mich hat überrascht, dass ...«
2. Formulieren Sie alternative Überschriften zu diesem Arbeitsblatt.
3. In Deutschland wurden intersexuelle Neugeborene bis vor wenigen Jahren rasch operiert, oft viele Male, in einer geschlechtsvereindeutigenden Operation. Recherchieren Sie nach Motiven für diese Tatsache.
4. Diskutieren Sie, ob Tascha das T-Shirt aus dem Bild tragen würde.
5. Entwerfen und gestalten Sie weitere Slogans für ein T-Shirt für Tascha.

## M3.6 Männlich und weiblich in der Bibel

**1 Mose 1,27f.:** Und Gott schuf den Menschen zu seinem Bilde, zum Bilde Gottes schuf er ihn; und schuf sie als Mann und Frau. Und Gott segnete sie und sprach zu ihnen: Seid fruchtbar und mehret euch und füllet die Erde und machet sie euch untertan und herrschet über die Fische im Meer und über die Vögel unter dem Himmel und über alles Getier, das auf Erden kriecht.

Lutherbibel, revidiert 2017, © 2016 Deutsche Bibelgesellschaft, Stuttgart

### Conrad Krannich: Intersexualität als theologische Herausforderung

Betrachtet man den Menschen aus biologischer und medizinischer Perspektive, dann ist die Kategorie »Geschlecht« eine lange Leiste mit vielen Punkten darauf, und nicht zwei getrennte Schubladen. Das gilt nicht nur für die sexuelle Orientierung oder die Geschlechterrolle, wie die Gesellschaft sie versteht, sondern auch schon für das biologische Geschlecht, wie das Phänomen der Transsexualität zeigt.

Wenn man in die Geschichte zurückblickt, dann nimmt man wahr: Es war schon immer umstritten, wie Männer und Frauen wirklich sind und wie sie sein sollen bzw. was als männlich oder weiblich gilt. Schon deshalb sollten wir darüber diskutieren und nicht so tun, als ob das alles schon immer so war.

Aus theologischer Sicht wird das deutlich mithilfe des Begriffs des Leibes. So wie Geschlechtlichkeit vieldeutig oder nicht-eindeutig ist, so ist unser Leib etwas von uns, was uns insgesamt unverständlich und unverfügbar bleibt. Unser Leib ist abhängig, endlich und sterblich. Das ist uns zu akzeptieren aufgegeben.

Geschlecht ist eine Kategorie, mit der wir Menschen die Welt ordnen und verstehen. Die Kategorie ist nicht dazu geeignet, vorzuschreiben, wie ein bestimmtes Geschlecht zu leben hat, was männlich ist und was weiblich ist.

Gott schuf den Menschen nicht ausschließlich als Mann und als Frau. Seine Erschaffung gipfelt auch nicht in seiner Geschlechtlichkeit. Gott schuf den Menschen für sich und füreinander. Er ist ein Beziehungswesen, darauf kommt es den biblischen Schöpfungsgeschichten an. Es lässt sich biblisch und theologisch auch nicht begründen, dass der Mensch nur Mensch ist, wenn er sich reproduziert, also Kinder bekommt.

Wir müssen uns fragen, ob diese Ordnung der beiden Geschlechter nicht eine Ordnung ist, die von Menschen gemacht ist und nicht von Gott.

Text verfasst von Joachim Ruopp auf Grundlage von: Conrad Krannich: Geschlecht als Gabe und Aufgabe. Intersexualität aus theologischer Perspektive, Gießen 2016

1. Führen Sie ein Schreibgespräch mit dem Bibeltext: Was bedeutet dieser Text für mich?
2. Führen Sie einen Dialog mit dem Bibeltext, wahlweise aus folgenden Perspektiven: der eines homosexuellen, der eines transidenten oder der eines intersexuellen Menschen.
3. Bearbeiten Sie den Krannich-Text so, dass Sie zu jedem Abschnitt eine Frage aufschreiben, auf die der Text eine Antwort gibt.
4. Diskutieren Sie den letzten Satz, indem Sie Argumente dafür und dagegen finden.

# 4 Alles Familie?! Von Familienbildern, Lebensentwürfen und (schrägen) Beziehungen

CHRISTINA KRAUSE UND CHRISTINE LANZ

**Die Idee zum Modul**
»Jeder ist Familie. Weil jeder Kind ist.« So lautet ein Werbeslogan der Evangelischen Kirche in Hessen und Nassau. Jeder und jede ist Familie.

Dabei sieht Familie ganz unterschiedlich aus: groß oder klein, mit und ohne (Halb- oder Dreiviertel) Geschwister, mit Großeltern und Urgroßtanten, alleinerziehend, verwitwet, kinderlos, adoptiert, als Patchworkfamilie mit mehreren Müttern und Vätern. Unterschiedlich – aber doch alles Familie?

Was ist Familie?

Ohne Familie geht es nicht. Allein deshalb, weil jeder Mensch ein Kind ist, als Kind auf die Welt kommt von einer (leiblichen) Mutter mit einem (leiblichen) Vater. Dabei müssen die biologischen Eltern nicht mit denen übereinstimmen, die Kinder und Jugendliche »Mama« und »Papa« nennen.

Familien sehen aber nicht nur aufgrund ihrer Zusammensetzung unterschiedlich aus, auch in der Ausprägung, wie Familie gelebt wird, gibt es große Unterschiede. Jede Familie und damit jede Familienkonstellation der Schülerinnen und Schüler ist individuell. Die eine Familie laut und wild, die andere leise und ruhig. Die einen kommunikativ, bei jedem Essen wird sich ausgetauscht, die anderen lieber mit Pizzakarton gemeinsam vor dem Fernseher essend. Die einen ständig unterwegs, von Termin zu Termin, die anderen am liebsten im eigenen Garten auf dem Liegestuhl.

Familie gestaltet sich ganz unterschiedlich und prägt uns wahrscheinlich gemeinsam mit der eigenen Geschlechtsidentität am intensivsten. In ihrer Familie erleben Kinder und Jugendliche Geborgenheit, Grundvertrauen und Liebe – oder Gewalt, Zurückweisung und Missachtung.

Deswegen stellt Familie einen der wichtigsten Bezugspunkte für die eigene Identität und Individualität dar.

Spannend wird es aber auch dann, wenn die Loslösung von der eigenen Herkunftsfamilie geschieht – durch das Gründen eines eigenen Haushaltes oder später dann durch eine Partnerschaft und eine eigene Familie. Liebgewonnene Familientraditionen werden beibehalten, Verhasstes abgelegt.

In einer Partnerschaft und später mit eigenen Kindern kommen zwei Familientraditionen zusammen. Ein Lern- und Abstimmungsprozess muss einsetzen, um ein eigenes Bild von Familie zu entwickeln. Weichen die mitgebrachten Familienbilder an entscheidenden Punkten voneinander ab, ist das häufig Anlass für Konflikte.

Dabei geht es nicht nur um Familienrituale für Weihnachten oder das (gemeinsame) Essen, sondern auch um die grundsätzlichen Fragen, wer für die Erwerbsarbeit, wer für Haushalt und Kindererziehung zuständig ist. Klassische Rollenmodelle und moderne Erziehungspartnerschaft stehen sich da gegenüber. Und jeder und jede muss das Modell – bzw. je nach aktueller Lebenssituation auch verschiedene Modelle – finden, das oder die für einen selbst und für die eigene Partnerschaft und Familie tragen.

Für Jugendliche und junge Erwachsene in beruflichen Schulen steht genau dieser Abnabelungsprozess an. Auch wenn nicht alle durch die Aufnahme einer Ausbildung einen eigenen Haushalt gründen, ist allein durch die Aufnahme einer eigenen Erwerbstätigkeit ein Schritt in Richtung Eigenständigkeit gemacht.

Häufig fällt diese Zeit auch noch mit den ersten Partnerschaften zusammen – die mal kürzer, aber eben auch länger und dauerhafter sein können. So brechen für die Schülerinnen und Schüler an beruflichen Schulen in dieser Phase auch die Fragen nach der eigenen Familienidentität auf.

Hier setzt das Modul an, indem es an ganz unterschiedlichen Punkten und Fragestellungen anknüpft und diese mit gelungenen und schmerzenden Erfahrungen zusammenbringt. Die Schülerinnen und Schüler kommen darin unmittelbar vor mit ihrer je eigenen Familiengeschichte. Diese bringen sie in den Unterricht mit ein.

Je nachdem, welche Erfahrungen dies sind, können dabei auch alte oder frische Wunden aufbrechen. Hier ist ein hohes Maß an Empathie und Kommunikationsfähigkeit aufseiten der Lehrkraft nötig. Bei tiefergehenden Fragen kann auch ein Kontakt mit der Schulseelsorge vor Ort oder regionalen Beratungsstellen hilfreich, sinnvoll und nötig sein. Dies muss bei der Planung des Moduls mitbedacht werden.

**Unterrichtsbausteine**
*1. Baustein: Alles Familie?!*
M4.1 Alles Familie?!
M4.2 Familienbilder
M4.3 Jeder Mensch ist Familie
M4.4 Zwischen Vater und Mutter stehen
M4.5 Das schwarze Schaf

### Ziel:
Die Schülerinnen und Schüler können ihre eigene Familiensituation beschreiben und sich damit auseinandersetzen, dass es ganz unterschiedliche Familienbilder und -konstellationen gibt.

Anhand des Familienpapiers der EKD und der Initiative der EKHN zum Thema Familie kommen kirchliche Positionen in den Blick. Ein Fotoprojekt einer Künstlerin bietet Identifikationspunkte für die eigene Vorstellung von Familie.

Die Beispiele eines Scheidungskindes bzw. die Rede vom schwarzen Schaf einer Familie konkretisieren jeweils einen Aspekt, wie schwierige Familienverhältnisse das eigene Leben beeinflussen.

*2. Baustein: Gesucht: verlässliche Beziehungen*
M4.6 Gesucht: verlässliche Beziehungen
M4.7 Heiraten – weil das dazu gehört!?
M4.8 Single-Braut. Heiraten ohne Partner

### Ziel:
Die Schülerinnen und Schüler setzen sich mit der Frage auseinander, welche Form einer Partnerschaft sie für ihr Leben anstreben.

Anhand von Umfragen und Statistiken zur Partnerschaft sowie dem Thema Heiraten werden die Vorstellungen gelungener Beziehungen angesprochen, ebenso wie die Frage, wie Theorie und Wirklichkeit zusammengebracht werden können.

*3. Baustein: Wenn Rollenbilder ins Rollen kommen …*
M4.9 Junge, Junge …
M4.10 Boys will be boys!
M4.11 Vereinbarkeit von Familie und Beruf – eine Herausforderung für Männer

### Ziel:
Die Schülerinnen und Schüler können Rollenbilder von Männern und Frauen in Familien benennen und kritisch reflektieren.

Anhand von Gender-Marketing wird die Frage nach Rollenbildern und Geschlechtergerechtigkeit gestellt. Dass die Vereinbarkeit von Familie und Beruf nicht nur Sache der Frauen ist, wird abschließend behandelt.

### Literatur

Zwischen Autonomie und Angewiesenheit – Familie als verlässliche Gemeinschaft stärken, Familienpapier der Evangelischen Kirche in Deutschland und die Diskussion darüber, https://familienpapier.evangelisch.de/.

Bernd Schröder: Die Schülerinnen und Schüler im BRU; in: Religionsunterricht an berufsbildenden Schulen. Ein Handbuch, hrsg. von Roland Biewald, Andreas Obermann, Bernd Schröder u. a., Göttingen 2018, 134–163.

Alexandra Maxeiner, Anke Kuhl: Alles Familie! Vom Kind der neuen Freundin vom Bruder von Papas früherer Frau und anderen Verwandten, Leipzig ⁶2014.

Caroline Criado-Perez: Unsichtbare Frauen. Wie eine von Daten beherrschte Welt die Hälfte der Bevölkerung ignoriert, München 2020.

Nicht allein! Eine Initiative der Evangelischen Kirche in Hessen und Nassau, https://www.ekhn.de/aktuell/nicht-allein/nichtallein-startseite.html.

## M4.1 Alles Familie?

Gerd Altmann/pixabay

*Die Evangelische Kirche in Deutschland (EKD) veröffentlichte 2013 ein sog. Familienpapier mit dem Titel »Zwischen Autonomie und Angewiesenheit. Familie als verlässliche Gemeinschaft stärken«. Weil dieser Text Familie vielfältiger versteht und nicht mehr (nur) als Ehe zwischen Mann und Frau mit Kind, wurde ihr von einigen Stellen Beliebigkeit vorgeworfen. In früheren Texten ist das noch anders gewesen.*

*Die evangelische Theologin Claudia Janssen findet es positiv, dass das Familienpapier der EKD 2013 einen Wandel darstellt, weil es sich an den gesellschaftlichen Entwicklungen und der Lebenswirklichkeit der Menschen heute in Deutschland orientiert. Sie überlegt und begründet, dass auch in der Bibel schon ein vielfältiges Familienbild vorkommt:*

Familie ist vielfältig. Und der kirchliche Segen gilt verheirateten, unverheirateten, geschiedenen und homosexuellen Paaren, Patchworkfamilien – allen Menschen, die in verbindlichen Beziehungen zusammenleben, füreinander und für andere Verantwortung übernehmen. Er ist nicht auf die klassische heterosexuelle Ehe beschränkt. Denn das würde dem evangelischen Menschenbild widersprechen, das Menschen nicht auf biologische Merkmale, ihre Herkunft und ihr Geschlecht reduziert. [...]

Wer sich auf biblische Bilder von Ehe und Familie als Norm für heutiges Zusammenleben beruft, muss sich klarmachen: Für Ehevorstellungen, die von einem Miteinander gleichberechtigter Partnerinnen und Partner ausgehen, gibt es in der Bibel keine Belege. Ehe und Familie sind vielmehr in gesellschaftliche Macht- und Herrschaftsverhältnisse eingebunden, die in biblischen Texten als gegeben vorausgesetzt werden, nicht aber als gottgegeben. Deshalb findet sich vor allem in den Paulusbriefen eine sehr kritische Haltung zur Ehe (vgl. 1. Korinther 7). Ihr werden nichthierarchische Lebensformen im Kontext der Gemeinde, des Leibes Christi, gegenübergestellt (1. Korinther 12,12–27; Römer 12,1–9; Galater 3,28). [...]

Die Sprache der Bibel will nicht Normen für alle Zeiten setzen. In ihr sprechen vielmehr Menschen von ihrer Gotteserfahrung und ihrer Hoffnung, die sie mit anderen teilen wollen. Und wer die Bibel auslegt, stellt sich in diese Tradition.

Während die Orientierungshilfe von 1996 noch davon ausging, dass es in der Bibel zeitlose normative Aussagen zu Ehe und Familie gibt, wird dieser Anspruch von der aktuellen Orientierungshilfe aufgegeben. Deshalb wird ihr vorgeworfen, Beliebigkeit zu vertreten. Doch dieser Vorwurf greift zu kurz. Statt normativer schöpfungstheologischer Begründungen von Ehe und Familie nennt sie ethische Kriterien: Gerechtigkeit, Gewaltfreiheit, Verlässlichkeit, Verantwortung und Fürsorge. Damit stellt sie sich in die biblische Tradition der Nächstenliebe und der Parteinahme für die gesellschaftlich Schwächeren, die Kinder und Hilfebedürftigen.

Claudia Janssen: Lebendig als Du: Die Orientierungshilfe und die Bibelwissenschaft, Zeitzeichen – Evangelische Kommentare zu Religion und Gesellschaft, 01.10.2013, https://familienpapier.evangelisch.de/debattenbeitraege/lebendig-als-du-die-orientierungshilfe-und-die-bibelwissenschaft-51

1. Beschreiben Sie, welche Kriterien fürs Familie-Sein aus evangelischer Sicht gelten.
2. Schlagen Sie die im Text genannten Bibelstellen nach und interpretieren Sie diese.
3. Was ist Familie? Begründen Sie, ob folgende Personengruppen aus Ihrer Sicht »Familie« sind – oder auch nicht: ein ungewollt kinderloses Ehepaar, eine verwitwete Frau mit Sohn, ein homosexuell lebendes Paar, ein alleinerziehender Vater mit zwei Kindern, eine Patchworkfamilie, ein Ehepaar, dessen Kind verstorben ist.
4. Entwickeln Sie in Kleingruppen ein Standbild, das für Sie eine ideale Familie zeigt.

## M4.2 Familienbilder

Familie zu definieren, ist gar nicht so einfach. Die traditionelle Perspektive sieht eine Familie als ein Ehepaar, das zusammen mit dem selbst gezeugten Nachwuchs in einem Haushalt wohnt. Ein Mann, eine Frau und eine weitere Generation in verwandtschaftlicher Beziehung. Dieses Familienverständnis ist zwar immer noch verbreitet, aber genau genommen ist es längst von der Realität und Lebenspraxis vieler Menschen überholt worden. Eine Familie kann viel mehr sein als das.

Adoptierte Kinder, unverheiratete und/oder gleichgeschlechtliche Partner*innen, Kinder mit nur einem Elternteil, Kinder, die mit Sozialarbeiter*innen oder in Wohngemeinschaften aufwachsen – sind das keine Familien? Menschen in derartigen Konstellationen würden das mit Sicherheit streng verneinen. Und wer hat eigentlich gesagt, dass Eltern immer nur zwei Leute sein müssen – können sie nicht auch aus drei oder mehr sich liebenden Personen bestehen?

Was Familie alles sein kann, zeigt das Projekt *The Universal Family* von Michele Crowe. Sie arbeitet seit fast 15 Jahren als Fotografin, seit mehr als zehn Jahren fotografiert sie unterschiedliche Familien auf der ganzen Welt. Crowe selbst kommt aus einer großen Familie und wisse daher, wie wichtig das Gefühl der familiären Zugehörigkeit sei: »Sie haben mir schon in jungen Jahren beigebracht, wie wichtig es ist, sich mit Menschen zu umgeben, die einem ein gutes Gefühl geben und einen lieben und akzeptieren, egal was passiert.«

### Familie ist eine Frage der Auffassung

Eine Familie ist ein Konstrukt, in das man hineingeboren wird. Oder sie ist etwas, das man sich selbst erschafft. Viele Menschen unterscheiden deshalb zwischen sogenannten Herkunfts- und Wahlfamilien. Weil die Herkunftsfamilie nicht immer emotionalen Geborgenheit bietet – viele erleben Konflikte, Ausgrenzung und Gewalt in der Familie – suchen sie sich ihre Zugehörigkeit woanders. Eine selbst gewählte Familie kann sich aus Freund*innen oder Partner*innen unbestimmter Anzahl zusammensetzen und dieselben Funktionen und Bedürfnisse nach Liebe, Vertrauen und Solidarität erfüllen. Leider erfahren derartige Familienformen oft nicht dieselbe Anerkennung und Unterstützung aus Gesellschaft und Politik.

*»Familie gibt einem Kraft. Das Wissen, dass sie da ist, gibt dir die Freiheit, dich selbst zu erforschen und Dinge zu tun, die du alleine nicht tun würdest.«*
*Prateek und Gautam*

Michele Crowe ist selbst erst im Laufe ihres Projekts auf unkonventionellere Familien aufmerksam geworden. »Als ich anfing, mich als Person weiterzuentwickeln, begann ich, mich nach Familien umzusehen, die damals noch als eher unorthodox galten, nach gleichgeschlechtlichen Paaren, nach multikulturellen Haushalten. Die Welt hat sich sehr verändert, seit ich das Projekt vor mehr als zehn Jahren begonnen habe«, sagt sie […].

Crowe weiß: »Es ist egal, für welche Form von Familie wir uns entschieden haben. Am Ende des Tages sitzen wir alle einfach nur auf unseren Sofas oder um einen Tisch herum und lachen, lieben und sind mit den Menschen zusammen, die uns am meisten am Herzen liegen.« Genau das ist Familie.

*Heleen, Renea und Josie, Amsterdam, Niederlande:*
»Heleen und ich lernten uns in Amsterdam kennen. Wir sind beide in aufgeschlossenen Familien aufgewachsen und haben gelernt, über den Tellerrand zu schauen. Als es also um Liebe ging, konnten wir uns an das halten, was unser Herz uns sagte. Seitdem sind wir zusammen und beide in der Großfamilie der jeweils anderen willkommen geheißen worden. Eine eigene Familie zu haben, war nicht einfach. Wir haben viele Versuche gebraucht, diesen Traum zu verwirklichen, aber am Ende ist er doch wahr geworden. Wir betrachten uns wirklich als die glücklichsten Frauen. Josie ist erstaunlich und überrascht uns jeden Tag aufs Neue.«

*Familie Dahan, Israel:* »Familie ist etwas, das man erschafft, und sie begleitet einen in den harten Zeiten und in den süßen Momenten. Aber das Wichtigste, woran man sich erinnern muss, ist, dass die Familie die Fortsetzung der Existenz Gottes ist. Die Familie ist unser Stolz.«

*Gilles Mordant, Marie Niang, Eva Mordant, Bahia Mordant, Nizza, Frankreich:* »Familie ist der Sinn des Lebens. Sie bereitet unsere beiden Mädchen auf ihr Erwachsenenleben vor, gibt ihnen ein Gefühl der Gemeinschaft und kümmert sich um andere. Aber vor allem bereiten wir Eva und Bahia darauf vor, glücklich zu sein!«

*Familie Nossa, Fort Lee, New Jersey, USA:* »Familie bedeutet Einheit, bedingungslose Liebe und Akzeptanz, auch wenn es schwierig ist. Es sind die Menschen, die dir am nächsten stehen und die du anrufen kannst, um dir bei deinem größten spirituellen Wachstum zu helfen.

*Jérôme, Cécile, Théo und Charlotte, La Landeron, Schweiz:* »Für Jérôme bedeutet Familie Einheit, wie eine Bootsbesatzung, bei der jedes Mitglied eine andere Rolle hat, aber in die gleiche Richtung fährt. Wir fahren durch friedliche Ozeane, sind aber gemeinsam stark bei stürmischem Wetter. Meine Vorstellung von Familie ist eher wie ein komplettes Abenteuer, wobei der überraschendste Teil vor einigen Jahren begann, als ich Mutter wurde. Seitdem zeigt mir jeder Tag, dass eine Familie zu haben die intensivste und herausforderndste Erfahrung des Lebens ist.«

*Bryan und Mia, Levittown, New York, USA:* »Es ist die Familie, die bei Geburt, Tod und allem dazwischen bei dir ist. Sie ist eine ständige Erinnerung daran, dass es Menschen gibt, die dich bedingungslos lieben.«

*Familie Brun-Peixoto, Nizza, Frankreich:* »Die Familie ist der friedliche und lebendige Ort, an dem ich ich selbst sein kann.«

*Familie Bloem, Amsterdam, Niederlande:* »Die Familie ist ein sicherer Ort, um das Leben zu praktizieren.«

Nathan Dumlao auf Unsplash

WavebreakmediaMicro/Adobe Stock

Lawrence Crayton auf Unsplash

Philipp Kienzel: Diese Fotos zeigen, wie unterschiedlich Familie sein kann, ze.tt, 13.06.2020, https://ze.tt/diese-fotos-zeigen-wie-unterschiedlich-familie-sein-kann/.

*Dort finden sich weitere Beispiele für Familien-Bilder.*

1. »Familie zu definieren, ist gar nicht so einfach.« Versuchen Sie es und definieren Sie, was Familie aus Ihrer Sicht ist.
2. Zählen Sie auf, wer zu Ihrer Herkunftsfamilie, wer zu Ihrer Wahlfamilie gehört.
3. Schauen Sie sich die nachfolgenden Fotos von Familien an. Entscheiden Sie sich für ein Familien-Bild, das gut zu Ihnen passt, und begründen Sie Ihre Wahl.
4. Angenommen, Ihre Familie macht bei diesem Fotoprojekt mit: Wer müsste alles mit aufs Foto? An welchem Ort würden Sie dieses Foto aufnehmen lassen? Was würden Sie und die anderen anziehen? Wie würden Sie sich gruppieren?
5. Wenn Sie Lust haben: machen Sie ein Foto/Selfie von sich und Ihrer Familie.

Josue Michel auf Unsplash

Eye for Ebony auf Unsplash

hillarn peralta auf Unsplash

Herney Gómez auf Pixabay

# M4.3 Jeder Mensch ist Familie

Konzept und Design: gobasil.com. Aus der Impulspost, ein Mitgliederbrief der Evangelischen Kirche in Hessen und Nassau (EKHN).

### Jede FAMILIE ist ANDERS

Jeder Mensch hat eine Familie, denn jede und jeder ist Kind. Dennoch sind Familien sehr unterschiedlich: groß oder klein, leben zusammen oder getrennt, traditionell oder modern, zerstritten oder harmonisch – und manchmal auch vieles gleichzeitig.

Familien haben heute unterschiedliche Formen. Aber was Familie wirklich ausmacht, ist, dass sich Menschen in ihrer Familie umeinander kümmern. Denn jeder Mensch braucht eine verlässliche Gemeinschaft, die in guten und schlechten Zeiten für einen da ist.

Doch die Bibel berichtet auch in ihren Geschichten von Schwierigkeiten und gescheiterten Beziehungen. Dennoch sagt sie: »Es ist nicht gut, dass der Mensch allein sei.« (1. Mose Kapitel 2,18). Damit fordert sie dazu auf, sich um ein gutes Verhältnis zur eigenen Familie und um gute Beziehungen zu bemühen. Und dabei auf Gottes Kraft und seinen Segen zu vertrauen.

https://www.ekhn.de/aktuell/nicht-allein/nichtallein-startseite.html

### Familie im Wandel

Die auch statistisch nachvollziehbaren Veränderungen bei Familien sind ein Ausdruck gesamtgesellschaftlicher Veränderungen der letzten Jahre. Dazu gehören eine zunehmende Individualisierung ebenso wie die Pluralisierung von Familienformen. Während die »klassische« Heiratsneigung seit 1965 deutlich abgenommen hat, ist die Zahl nicht ehelicher Partnerschaften, eingetragener Lebenspartnerschaften und Patchworkfamilien – aber auch die der Alleinlebenden – in den letzten Jahren deutlich gestiegen.

Deutliche Veränderungen sind auch bei der Erwerbsbeteiligung von Müttern feststellbar. Frauen steigen aufgrund höherer Bildung heute später ins Berufsleben ein und bleiben mit Kindern häufiger im Beruf bzw. unterbrechen ihre Berufstätigkeit kürzer. Die zunehmend digitaler und mobiler werdende Arbeitswelt bietet für die Vereinbarkeit von Familie und Beruf Chancen – aber auch Risiken. Daher ist es eine zentrale Forderung an die Wirtschaft und Politik, hier gute Rahmenbedingungen für Familien in ihren unterschiedlichen Ausprägungen zu schaffen.

Der demografische Wandel stellt eine weitere Herausforderung dar, mit der die unterschiedlichen Familienformen trotz der Trendumkehr bei Geburten (seit 2012) und zunehmender Migration konfrontiert sind. Wohn- und Betreuungsformen für immer älter werdende Menschen sowie die Vereinbarkeit mit Beruf und Kinderbetreuung benötigen die Kooperation von Politik, Wirtschaft und Kirche.

https://www.ekhn.de/aktuell/nicht-allein/familien-infos/familie-in-pluraler-gesellschaft.html

**Voll im Trend: Mehr und dafür kleine Haushalte und mehr Kinder ...**

Regelmäßig ermittelt das statische Bundesamt, wie es statistisch um die deutschen Familien bestellt ist. Deren Zusammenleben hat sich in den letzten Jahren stark verändert. Für 2015 weist es 40,2 Millionen Privat-Haushalte aus – fast 5 Millionen mehr als noch 1991. Dafür leben jetzt nur noch 2,01 Personen in einem durchschnittlichen Haushalt – während es 1991 noch 2,27 Personen waren. Die Großfamilie mit mehreren Generationen unter einem Dach ist mittlerweile ein extrem seltenes Phänomen. Minderjährige Kinder leben nur noch in rund 20 % aller Haushalte (8,1 Mio). In 69,3 % dieser Haushalte mit Kindern leben Ehepaare, in 10,3 % Lebensgemeinschaften und in 23,3 % Alleinerziehende. In 43,3 % aller Haushalte lebten 2014 Alleinstehende.

Die Zahl der Eheschließungen ist in 2014 um 3,3 % gegenüber dem Vorjahr gestiegen und auch die Zahl der Geburten überstieg 2014 erstmals seit 2004 wieder die 700.000.

Knapp ein Viertel aller deutschen Haushalte wird ausschließlich von Menschen im Seniorenalter ab 65 Jahren, knapp 31 % aller Haushalte zumindest von einem Senior bewohnt. Dabei gibt es im Bundesländer-Vergleich große Unterschiede: 2014 war der Seniorenanteil in Haushalten mit 35 % im Saarland am höchsten, in den Stadtstaaten Berlin und Hamburg mit jeweils 25 % am niedrigsten. Der Bundesdurchschnitt betrug 31 %.

Konzept und Design: gobasil.com. Aus der Impulspost, ein Mitgliederbrief der Evangelischen Kirche in Hessen und Nassau (EKHN).

https://www.ekhn.de/aktuell/nicht-allein/familien-infos/statistiken-zu-familie.html

1. Beschreiben Sie Ihre eigene Familie. Dabei können Sie sich an den im Text genannten Kriterien wie Familienform, Aufteilung von Erwerbsarbeit und Familienarbeit, Anzahl der Personen im Haushalt, Generationen, … orientieren.
2. Jede Familie ist einzigartig. Überlegen und benennen Sie die Besonderheit(en) Ihrer eigenen Familie
3. Schauen Sie sich folgenden Clip an, in dem das Mädchen Ella ihre Familie beschreibt: https://t1p.de/nichtallein. Notieren Sie ihre Beobachtungen dazu.
   Weitere Infos finden Sie unter https://www.ekhn.de/aktuell/nicht-allein/nichtallein-startseite.html
4. »Es ist nicht gut, dass der Mensch allein sei.« – Erläutern Sie diesen Satz.
5. »Jeder Mensch ist Familie. Weil jeder Kind ist.« Überprüfen Sie diese Aussage.

## M4.4 Zwischen Vater und Mutter stehen

Ich weiß noch, wie ich mit neun Jahren bei meiner Freundin am Fenster stehe und sage: »Guck mal, mein Papa zieht aus.« Er fuhr da gerade mit dem Wohnwagen von unserem Hof. Nach der Trennung wurde meine Mutter depressiv. Sie kam jeden Abend von der Arbeit nach Hause und weinte. Und ich war für sie da. Ich habe mir alles angehört, die Beziehungsprobleme, die Verfehlungen meines Vaters. Auch für meine zwei kleinen Geschwister war ich immer mit zuständig.

Dann zog meine Mutter mit uns Hals über Kopf in eine Stadt 400 Kilometer weit weg. Weil meine Mutter nicht mit meinem Vater reden wollte, musste ich das in ihrem Namen machen. Egal ob es um Besuchszeiten oder Unterhalt ging. Rückblickend weiß ich, dass ich dieser Rolle nicht gewachsen war. Ich habe mir damals einen Schutz zugelegt: Ich las den ganzen Tag lang Mangas und lief als Comicheld Inu Yasha über den Hof.

Mein Vater kam alle zwei Wochen und holte uns zu sich oder verbrachte das Wochenende in einer Ferienwohnung in unserer neuen Stadt. Es war schön mit ihm. Zu Hause war es schwierig. Für meine Mutter war mein Vater an allem schuld. Sie redete und redete. Wenn ich in mein Zimmer ging, weil ich das nicht mehr hören konnte, redete sie vor der geschlossenen Tür weiter. Natürlich hatte sie auch mit vielem recht: Mein Vater war jähzornig, hat viele Fehler gemacht. Aber es war nicht in Ordnung, mich so sehr in diesen Konflikt hineinzuziehen. Ich schrieb damals ins Tagebuch: »Ich will nie wieder zu der dummen Bärbel fahren.« Die Bärbel war die neue Freundin meines Vaters. Ich schrieb den Satz nur, um ihn anschließend meiner Mutter zu zeigen. Weil ich von ihr geliebt werden wollte.

### Bei unserem Wiedersehen weinte er

Mit zwölf zog ich zu meinem Vater. Ich sehnte mich danach, dass sich endlich jemand um mich kümmert, für mich da ist. Aber mein Vater arbeitete Vollzeit, und seine Lebensgefährtin bekam ein Baby. Als dann noch Probleme mit Freundinnen dazukamen, bin ich nach eineinhalb Jahren zu meiner Mutter zurückgegangen. Wir Geschwister hatten immer seltener Kontakt zu unserem Vater. Am Telefon war er aufgebracht, dass er uns nicht sehen konnte. Einmal sagte er: »Dann hole ich dich einfach.«

Als er tatsächlich in meiner Schule stand, war das für mich eine furchtbare Situation. Ich weinte vor der ganzen Klasse. Meine Mutter wiederum hat die Geschichte als Anlass genommen, das alleinige Aufenthaltsbestimmungsrecht zu beantragen. Im Gerichtssaal bin ich, das erste Mal auf hohen Schuhen, an meinem Vater vorbeigelaufen. Ich wollte ihm zeigen: »Ich brauche dich nicht.« Ich war in dieser Zeit sehr unglücklich. Die Schule war der einzige Ort, an dem es nur um mich ging. Ich war gut, habe ein super Abi gemacht.

Zu meinem 18. Geburtstag schenkte mir mein Vater ein Fotobuch – mit Bildern von der ganzen Familie, sogar von meiner Mutter. Ich freute mich sehr. Mein erster Freund hat mich ermutigt, meinen Vater anzurufen. Bei unserem Wiedersehen nach vier Jahren, ich war inzwischen 20, weinte er und entschuldigte sich für seine Fehler. Er sagte: »Ich bin so froh, dass du da bist.

### Zu meiner Hochzeit lade ich beide ein

Seitdem habe ich zu meinem Vater ein gutes Verhältnis. Meiner Mutter – ich war inzwischen ausgezogen und studierte – erzählte ich nichts von den Treffen. Um sie zu schützen. Mittlerweile habe ich verstanden, dass sie sich nicht weiterentwickeln kann, wenn ich sie beschütze. Ich habe in einer Beratungsstelle eine Familienaufstellung gemacht. Ich stand in der Mitte zwischen Mutter und Vater, ein Seil in der Hand, an dem beide zogen. Die Therapeutin fragte mich, was passieren würde, wenn ich zur Seite träte. Ich sagte: »Dann ziehen die beiden nur an sich!«

Seit kurzem bin ich verlobt. Mein Partner hat einen neunjährigen Sohn. Es ist schön zu sehen, dass seine Eltern das gut machen. Der Junge ist abwechselnd bei seiner Mutter und bei seinem Vater. Seine Eltern klären ihre Probleme selbst oder holen sich Hilfe. Das ist nicht immer leicht. Wenn meine Eltern es geschafft hätten, miteinander zu reden, wäre mir viel Kummer erspart geblieben.

Vor ein paar Tagen habe ich meiner Mutter gesagt, dass ich erwarte, dass sie zu meiner Hochzeit kommt. Dass mein Vater auch kommen wird. Sie sagte, sie wird es versuchen.

»Ich stand zwischen Vater und Mutter«, Protokoll: Anke Lübbert, chrismon, 01.01.2017, https://chrismon.evangelisch.de/artikel/2017/33219/leben-als-scheidungskind

1. Beschreiben Sie die inneren Verletzungen, die für die Betroffenen entstanden sind.
2. Erläutern Sie, was dem von der Scheidung der Eltern betroffenen Kind geholfen hat.
3. Vergleichen Sie den Bericht mit Scheidungsfällen, die Sie selbst aus ihrer eigenen Familie oder aus Ihrem Umfeld kennen.
4. Im Internet werden mittlerweile kostengünstige und im Expresstempo vollzogene Online-Scheidungen ohne persönlichen Besuch beim Anwalt angeboten. Recherchieren Sie unter www.scheidungsexpress.de und nehmen Sie Stellung zu solchen Angeboten.

### Die Stellung der Kirchen zur Scheidung

In der römisch-katholischen Kirche zählt die Ehe zu den sieben Sakramenten. Das heißt, sie gilt zusammen mit der Taufe, der Firmung, der Eucharistie, der Beichte, der Krankensalbung und der Priesterweihe als besonders heilige Kulthandlung und von Jesus Christus selbst eingesetzt. Bis heute ist deswegen in der katholischen Kirche Ehescheidung untersagt. In ganz besonderen Fällen kann eine Ehe annulliert, für ungültig erklärt werden. Ein katholisches Ehegericht stellt dann fest, dass die Ehe nie bestanden hat.

Für die Reformatoren um Martin Luther war die Ehe hingegen ein »weltlich Ding«. Allerdings tat dies ihrer allgemeinen Hochschätzung auch in der evangelischen Kirche keinen Abbruch. Die Ehe galt als gute Gabe Gottes und als Mittel, ungezügelte Sexualität einzudämmen. Schließlich gibt es auch in der evangelischen Kirche Trauungen, obwohl sie streng genommen nur »Gottesdienste anlässlich einer Eheschließung« sind und nicht sakramentale Handlungen wie zum Beispiel die Taufen.

Die kirchliche Hochschätzung der Ehe stützt sich auf biblische Aussagen zur Ehe, wobei diese keinesfalls eindeutig sind. Im Markusevangelium ist ein berühmtes Wort Jesu gegen die Ehescheidung überliefert: »Was Gott zusammengefügt hat, das soll der Mensch nicht scheiden.« (10,9) Ein scheinbar klares Wort. Jesus sagt diesen Satz im Streitgespräch mit Schriftgelehrten, die argumentieren, dass es nach dem Gesetz des Moses im Alten Testament die Möglichkeit gibt, sich scheiden zu lassen. In der Tat war im alten Israel Ehescheidung relativ einfach – jedenfalls für die Männer. Nur sie konnten sich scheiden lassen beziehungsweise ihre Frau verstoßen. Das kam zur Zeit Jesu häufig vor. Viele Frauen gerieten dadurch in großes Elend. So betrachtet hat das Scheidungsverbot Jesu im Markusevangelium nicht das Ziel, das Institut Ehe an sich für heilig zu erklären. Es soll auch für die (Ehe-)Frau einen humanen und sozialen Anspruch gegenüber den (Ehe-)Männern einklagen.

Für eine prinzipielle Verurteilung jeder Ehescheidung bietet dieses berühmte Wort Jesu keine Grundlage. Trotzdem ist das Scheitern einer Ehe eine große Last für alle Betroffenen. Manchmal wird zu früh aufgegeben und zu früh geschieden, weil die Menschen unrealistische Vorstellungen von einer Ehe haben und sich wundern, dass mit den Jahren der Reiz der ersten Verliebtheit nachlässt. In anderen Fällen kann eine Scheidung für beide Partner eine Erlösung bedeuten und die Chance eines Neuanfangs eröffnen. Deshalb gibt es in der evangelischen Kirche sogar Gottesdienste, die anlässlich einer Ehescheidung den Segen für beide Partner erbitten, die jetzt getrennte Wege gehen.

Christen wissen, dass Scheitern in dieser Welt unvermeidbar ist, selbst wenn man sich ganz viel Mühe gibt. Davon ist leider auch die Ehe nicht ausgenommen, denn manchmal scheidet der Tod auch schon im Leben: der Tod der Liebe.

Reinhard Mawick: Dürfen sich Christen scheiden lassen?, evangelisch.de, 11.09.2012, https://www.evangelisch.de/inhalte/113526/11-09-2012/D%C3%BCrfen%20sich%20Christen%20scheiden%20lassen%3

# M 4.5 Das schwarze Schaf

Sabrina St./pixabay

In wahrscheinlich jeder Familie gibt es eins: das schwarze Schaf der Familie. Als schwarzes Schaf der Familie wird ein Familienmitglied bezeichnet, das aus der Masse durch seine Andersartigkeit heraussticht. Dabei besteht diese Andersartigkeit meist weniger in einem unterschiedlichen Aussehen, als vielmehr durch anderes Verhalten, Eigenschaften, Interesse oder Meinungen. Dadurch hebt es sich von den übrigen Familienmitgliedern ab – was von diesen als negativ gesehen wird. Deswegen wird er oder sie häufig in die Außenseiterrolle gedrängt.

In vielen Fällen wird diese Rolle als schwarzes Schaf den Menschen bereits im Kindesalter zugeschrieben. Diese Bezeichnung wieder loszuwerden, gelingt häufig nicht. Auch als Erwachsene bleiben sie in diese Rolle gedrängt.

Dass es zu solchen Zuschreibungen kommt, hat häufig mit Macht, Einfluss und Hierarchien innerhalb von Familien zu tun. Um die eigene Position (als Kind, Partner, Schwester, …) zu sichern, hilft es, wenn mein Gegenüber einen niedrigeren Status einnimmt. Und diesen niedrigeren Status erhält er oder sie eben durch die Zuschreibung als schwarzes Schaf. Die weißen Schafe der Familie stehen in der Rangordnung der Familie viel weiter oben, sie genießen die Privilegien und werden bevorzugt. Das schwarze Schaf dagegen verharrt in seiner Außenseiterposition und kommt aus dieser kaum mehr heraus.

Dass Menschen als schwarze Schafe bezeichnet werden, hat seinen Ursprung in der Schafzucht. Weiße Wolle war und ist zum Einfärben sehr viel besser geeignet als schwarze Wolle. Das Urschaf war dagegen schwarz. Durch Genmutationen entstanden weiße Schafe – die eigentlich mit einem Defekt auf die Welt kamen, nämlich dem Fehlen des schwarzen Farbstoffes. Da für die Zucht und Weiterverarbeitung der Wolle allerdings genau diese Gen-Defekt-Schafe in Weiß einen Vorteil darstellten, verschob sich die positive Zuschreibung hin zu den weißen Schafen. Das schwarze Schaf war ab sofort der Sonderling und Außenseiter in einer Schafherde, der – in den Augen der Züchtung – nur dazu führte, minderwertige Wolle zu liefern.

Doch wie kann diese Schwarzes-Schaf-Rolle überwunden werden? Schwarze Schafe haben ihre Eigenheiten. Sonst wäre sie keine schwarzen Schafe. Aber genau das macht sie besonders und hebt sie aus der großen Masse heraus. Schwarze Schafe haben besondere Fähigkeiten und Eigenschaften, von Geburt an oder mit der Zeit entwickelt/entwickeln müssen, die sie auszeichnen. Viele von ihnen wurden widerstandsfähiger und stärker durch die Außenseiterrolle.

Manchen gelingt es allerdings nicht, durch diese Rolle zu wachsen und gestärkt daraus hervorzugehen. Sie leiden ihr Leben lang daran, dass sie ausgeschlossen und klein gehalten werden. Im schlimmsten Fall zerbrechen Menschen daran.

Deswegen ist es wichtig, die eigene Andersartigkeit nicht als Makel und Fehler anzusehen, sondern als Besonderheit und Individualität, die einen oder eine von der großen Masse abhebt und auszeichnet.

1. Fassen Sie zusammen, warum manche Familienmitglieder als »schwarzes Schaf« bezeichnet werden.
2. Überlegen Sie, wer in ihrer (engeren oder größeren) Familie die Rolle des schwarzen Schafes einnimmt. Benennen Sie Gründe, warum er oder sie diese Rolle von anderen zugesprochen bekommen hat.
3. Beschreiben Sie die positiven Eigenschaften, Verhaltensweisen, … dieser Person.
4. Entwickeln Sie Ideen, wie sie ihm oder ihr helfen könnten, aus ihrer bzw. seiner Negativ-Rolle auszubrechen.

# M 4.6 Gesucht: verlässliche Beziehungen

*Die klassische bürgerliche Familie hat einen hohen Stellenwert in der westlichen Welt. Einer Studie des Bundesministeriums für Umwelt, Naturschutz und nukleare Sicherheit aus dem Jahr 2018 zufolge, stehen Partnerschaft, Freunde und ein gutes Familienleben ganz oben auf der Werteskala bei jungen Erwachsenen. Diese wurden gefragt, was sie im Leben anstreben und was für sie persönlich als Werte und Ziele wichtig ist. Dort heißt es:*

### Das Wichtigste im Leben: verlässliche persönliche Beziehungen

»Für junge Menschen stehen drei Dinge ganz oben: einen Partner oder eine Partnerin zu haben, dem oder der man vertrauen kann, außerdem gute Freunde, die einen anerkennen, und ein gutes Familienleben. Das heißt, sie wollen sich in verlässlichen persönlichen Beziehungen aufgehoben fühlen.«

Es besteht also ein ausgeprägter Wunsch nach verlässlichen Beziehungen, d. h. einem Partner, einer Partnerin, der/dem man vertrauen kann, Freunde, die einen anerkennen und akzeptieren sowie einem guten Familienleben. Danach folgen erst Vorstellungen wie eine gute Ausbildung zu absolvieren, das Leben zu genießen, eigenverantwortlich zu leben und zu handeln und etwa der Wunsch danach immer wieder neue Erfahrungen zu machen.

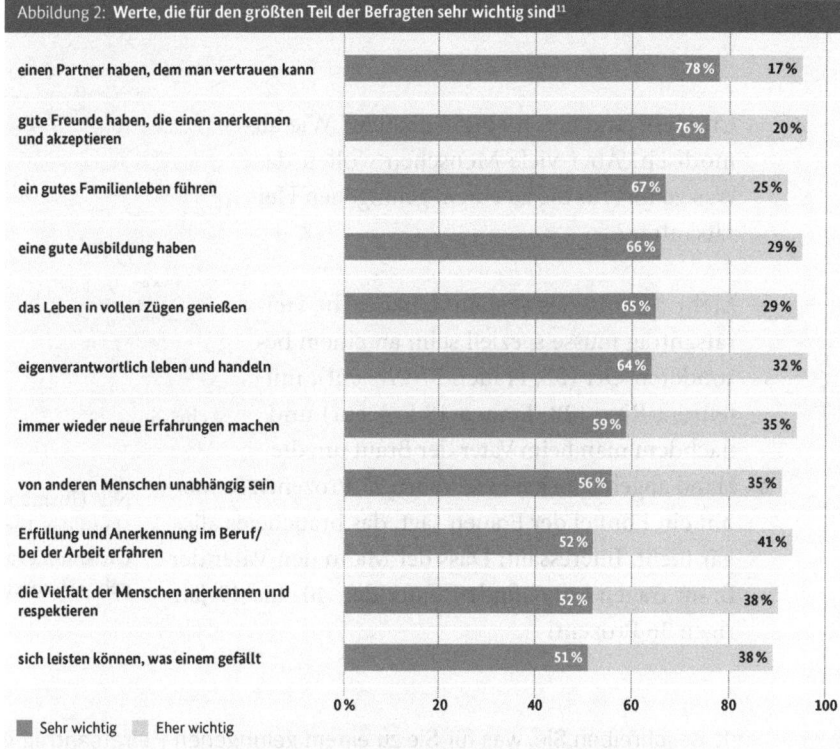

Frage: Jeder Mensch hat ja bestimmte Vorstellungen, die sein Leben und Verhalten bestimmen. Wenn Du einmal daran denkst, was Du in Deinem Leben eigentlich anstrebst: Wie wichtig sind dann die folgenden Dinge für Dich persönlich?

*Repräsentativbefragung von 1.034 jungen Menschen*

© Bundesumweltministerium 2018, www.bmuv.de/PU452

Gleichzeitig sind die Möglichkeiten, wie eine Familie heute aussehen kann, vielfältiger denn je.

Nach: Bundesministerium für Umwelt, Naturschutz und nukleare Sicherheit (Hg.): Zukunft? Jugend fragen! Nachhaltigkeit, Politik, Engagement – eine Studie zu Einstellungen und Alltag junger Menschen, Berlin 2018, https://www.bmu.de/fileadmin/Daten_BMU/Pools/Broschueren/jugendstudie_bf.pdf, 14 f.

---

1. Erstellen Sie ein Ranking, welche der oben genannten Punkte Ihnen für Ihre Zukunft am wichtigsten sind.
2. »Verlässliche Beziehungen«. Beschreiben Sie, was für Sie zu einer verlässlichen Beziehung gehört bzw. was eine solche zerstört.
3. Entwerfen Sie ein Schaubild von sich und mindestens fünf weiteren Personen aus ihrem Familien- und Freundeskreis, das ihre Beziehung zueinander sichtbar macht. Positionieren Sie alle Personen im passenden Abstand zueinander. Denken Sie dabei an die (gefühlte oder echte) Nähe, Hierarchie, Intensität oder Dauer Ihrer Beziehung, … Beschriften Sie alle Beziehungen mit jeweils 3–5 Eigenschaften.
4. Suchen Sie sich eine dieser Personen aus. Überlegen und gestalten Sie eine Sache, mit der Sie ihr eine Freude machen können.

## M 4.7 Heiraten – weil das dazu gehört!?

Um die Hand der Tochter anhalten? Wie altmodisch! Aber viele Menschen wollen das. Was gehört für Sie zu einem gelungenen Heiratsantrag?

5 Mehr Männer als Frauen denken, ihr Heiratsantrag müsse speziell sein: an einem besonderen Ort (52, Frauen 37 Prozent), mit teurem Ring (28, Frauen 18 Prozent) und nachdem man beim Vater der Braut um die
10 Hand angehalten hat (33, Frauen 27 Prozent). Immerhin ein Fünftel der Frauen sagt, das brauche es alles gar nicht. Interessant: Dass der Mann den Vater der Braut fragen muss, finden unter den 40- bis 49-Jährigen 36 Prozent!

© chrismon

- 23 % Ein wertvoller Verlobungsring
- 44 % Dass der Antrag an einem besonderen Ort stattfindet
- 30 % Dass der Mann beim Vater der Braut um die Hand seiner Tochter anhält
- 58 % Dass der Mann der Frau den Antrag macht
- 27 % Dass die Frau dem Mann den Antrag macht
- 17 % Das braucht man alles nicht

Nils Husmann: Um die Hand der Tochter anhalten?, chrismon, 30.05.2018, https://chrismon.evangelisch.de/artikel/2018/39128/umfrage-was-gehoert-zu-einem-heiratsantrag

1. Beschreiben Sie, was für Sie zu einem gelungenen Heiratsantrag gehört.
2. Beurteilen Sie, ob es für eine Partnerschaft wichtig ist, irgendwann zu heiraten.
3. Welches der Fotos passt am besten zu Ihnen? Begründen Sie Ihre Entscheidung.
4. Bei einem kirchlichen Traugottesdienst versprechen sich Mann und Frau Folgendes:

> »N.N., willst Du N.N., die/den Gott dir anvertraut hat, als deine Ehefrau/deinen Ehemann lieben und ehren und die Ehe mit ihr/ihm nach Gottes Gebot und Verheißung führen – in guten und in bösen Tagen –, bis der Tod euch scheidet, so antworte: Ja, mit Gottes Hilfe.«

Was müsste für Sie an diesem Trauversprechen geändert/gestrichen/ergänzt werden, damit Sie es Ihrem Partner bzw. Ihrer Partnerin versprechen können? Begründen Sie Ihre Entscheidung.

5. Nehmen Sie Stellung, ob bzw. in welcher Form Gott in einem Trauversprechen vorkommen sollte.

## M 4.8 Single-Braut. Heiraten ohne Partner

In Japan ist die Hochzeit einem Sprichwort zufolge »das Grab des Lebens«. Das gilt vor allem für Frauen und liegt an der traditionellen Rollenverteilung. Männer sind die Versorger der Familie, rund 60 Prozent der Frauen geben nach der Heirat ihren Job auf, werden Hausfrau und ziehen die Kinder groß (in der Regel zwei). Wer als japanische Frau Karriere machen möchte oder überhaupt arbeiten möchte, bleibt daher oft allein. [...]

Die Hochzeit selbst läuft in Japan häufig eher bürokratisch ab. Um zu heiraten, müssen Braut und Bräutigam nicht mal im selben Raum sitzen. Gefeiert wird mitunter an einem anderen Tag als dem der Eheschließung [...]. Die Hochzeit ist so nicht mehr als das Ausfüllen eines Formulars.

Heiraten ist in Japan also oft eine eher traurige Angelegenheit, weshalb viele Frauen den Schritt immer weiter hinauszögern – um dann ab Mitte 30 als »makeinu« zu gelten, als Verliererhund. Kein Wunder also, dass in Japan die Zahl der Hochzeiten sinkt, während das Hochzeitsalter immer weiter ansteigt. [...]

Wer als Frau dennoch einmal ein Brautkleid tragen möchte, dem hilft Natsumi Akai, 37, aus Kyoto. Sie bietet seit zwei Jahren »solo weddings« an: Die Frauen heiraten einfach alleine. Die Zeremonie zieht sich über zwei Tage und konzentriert sich vor allem auf die Wahl eines Brautkleides und Fotos der Single-Braut im japanischen Garten von Kyoto. Es gibt keinen Standesbeamten, der eine Rede hält oder Hochzeitsgäste, die Konfetti werfen.

Rund 2.700 Euro müssen die Frauen für diesen Service zahlen. Die meisten ihrer Klientinnen sind älter als 35 Jahre und 70 Prozent von ihnen Single, schreibt Akai auf Anfrage von ze.tt. 20 Prozent sind verheiratet, doch die Hochzeit lief unglamurös ab – diese Kundinnen würden zumindest einmal in ihrem Leben ein Hochzeitskleid tragen wollen. Die restlichen zehn Prozent sind geschieden. Die meisten ihrer Kundinnen sind Japanerinnen, aber sie hatte auch schon Frauen aus anderen Ländern. »Viele zeigen die Bilder niemandem«, erklärt sie. »Sie tun es nur für sich selbst.«

In Japan würden sich Frauen selten festlich kleiden, erklärte Akai dem Guardian – und liefert damit einen weiteren Grund für die Nachfrage nach ihrem Service. Die Fake-Hochzeit bietet die Gelegenheit, sich einmal richtig hübsch zu machen. Auch Akai hegte diesen Wunsch seit ihrer Kindheit. »Damals las mir meine Mutter Geschichten von Prinzessinnen vor, die schöne Kleider trugen.« Seitdem wollte sie immer ein schönes Hochzeitskleid tragen – aber nicht warten, bis sie den richtigen Mann findet. »Ich lehne Heiraten nicht ab, aber ich will mir auch keinen Druck machen.« So kam sie auf die Idee, sich einfach selbst ein schönes Kleid auszusuchen, es anzuziehen und sich darin fotografieren zu lassen. »Seit ich im Juli 2014 damit angefangen habe, hatte ich 160 Kundinnen«, schreibt sie. Ihr Geschäft läuft gut. »Ich bin immer ausgebucht«, teilt sie mit. [...]

**Tag 1:**
*13 Uhr: Vorgespräch mit der Tourkoordinatorin*
*14 Uhr: Fahrt zu einem Brautmoden Laden und Wahl des Kleides*
*16 Uhr: Wahl des Brautstraußes*
*17 Uhr: Fahrt ins Hotel – wer nicht alleine zu Abend essen möchte, dem leistet Akai Gesellschaft*

**Tag 2:**
*9 Uhr: Treffen in der Lobby, Fahrt zur Stylistin*
*9:30 Uhr: Make-up und Styling*
*11 Uhr: Fahrt zur Fotolocation im japanischen Garten*
*13:30 Uhr: Rückfahrt zum Stylisten, Kleidungswechsel und (falls gewünscht): Abschminken*
*14 Uhr: Schluss. Die Fotos erhalten die Kundinnen auf einem USB-Stick innerhalb eines Monats*

Manuel Bogner: In Japan können Frauen jetzt ohne Partner heiraten, ze.tt, 05.09.2016, https://ze.tt/in-japan-koennen-frauen-sich-jetzt-selbst-heiraten/

1. Benennen Sie Gründe, warum Frauen eine »solo wedding« buchen.
2. Bewerten Sie, was aus Ihrer Sicht bei einer solchen »Hochzeit« fehlt.
3. Sie treffen eine Freundin, die eine Reise nach Japan samt Single-Hochzeit gebucht hat. Formulieren Sie Ihre Reaktion.

## M 4.9 Junge, Junge …

**Wann ist ein Junge ein Junge?**
Der vierjährige Tim fragt seine Mutter eines Tages, warum es eigentlich keine rosa Pullis mit Schmetterligen auch für Jungs gäbe. Die Mutter meint, dass er sich doch einen solchen Pulli wünschen kann. Gesagt getan. So bekommt Tim zum Geburtstag von seiner Tante einen schönen rosa Kapuzenpulli mit einem Schmetterling darauf. Voller Stolz trägt er den neuen Pulli am nächsten Tag im Kindergarten. Mittags kommt er traurig und wütend nach Hause: »Mama, die Kinder haben mich ausgelacht, wegen meines Pullis!« Die Mutter tröstet ihr Kind. Da sagt Tim: »Dann trag ich meinen tollen Pulli halt hier zu Hause.«

Vor hundert Jahren war es genau andersherum: Jungen trugen vor allem die Farbe rosa und Mädchen zog man in adligen Kreisen gerne die Farbe Blau an. Blau verband man mit der Anmut Marias, der Mutter Gottes, und rosa als weiches rot, mit Stärke und Kraft. Auch damals gab es schon sogenannte »geschlechtsangemessene Farbvorschläge«. Wohingegen die normale Bevölkerung Babys vor allem in weiß kleidete und man sich um geschlechtsspezifische Farben gar nicht kümmerte.

1. Sammeln Sie Vorschläge, wie Tims Mutter mit der Situation umgehen kann. Diskutieren Sie die Lösung, die Tim für sich gefunden hat.
2. Erarbeiten Sie die Rollen, die in der Geschichte von Tim und seiner Mutter vorkommen. Entscheiden Sie sich für eine Person und spielen Sie die Szene in ihrer Lerngruppe durch.
3. Formulieren Sie Argumente für und gegen das Konzept des Gender-Marketing (siehe nächste Seite).

| Mutter von Tim | Tim | Erzieher*in | Elternteil eines anderen Kindes | weiteres Kind |
|---|---|---|---|---|
| | | | | |

> Gender-Marketing ist ein Ansatz zur Vermarktung von Produkten und Dienstleistungen, der zum einen auf die Entwicklung und Herstellung von Produkten und Dienstleistungen abzielt, die für Männer oder Frauen unterschiedliche Vorteile haben. Außerdem sollen diese Vorteile bei der Bewerbung und dem Verkauf von Produkten und Dienstleistungen durch das Marketing besonders herausgestellt werden. Dabei werden nicht zwangsläufig traditionelle Geschlechterrollen und -stereotype verstärkt, sondern stellenweise neue Entwicklungen und Geschlechtsentwürfe berücksichtigt.
>
> Seite »Gender-Marketing«. In: Wikipedia – Die freie Enzyklopädie. Bearbeitungsstand: 26. Februar 2022, 02:35 UTC. URL: https://de.wikipedia.org/w/index.php?title=Gender-Marketing&oldid=220586530 (Abgerufen: 26. August 2022, 10:59 UTC)

**Gegen den Geschlechterblödsinn**

Wenn man Bratwurst oder Gurken oder Kugelschreiber kaufen möchte, muss man nicht über das eigene Geschlecht nachdenken, echt nicht. Und wenn man Kindern ein Spielzeug kaufen möchte, genauso wenig. Zumal [...] Gender-Marketing fast immer Stereotype zementiert. Die Männersachen sind in der Regel hart, feurig, eckig, kalorienreich und billig, die Frauensachen weich [...], rund, kalorienarm und teuer. Interessant auch die Gartenschere »für die Dame«, deren Damenhaftigkeit offenbar daher kommt, dass sie rosafarbene Blumen schneidet. [...] Nein, Zwang ist das nicht, das weisen die meisten weit von sich. Wenn das Mädchen unbedingt will, bekommt es auch das Fußballshampoo. Und der Junge die Prinzessinnensuppe – obwohl, wenn Mädchen Jungenssachen machen, dann finden wir das schon irgendwie einen Tacken besser als andersrum, nicht? Mädchen, die wie Jungs sind, sind rebellisch, das finden wir gut, so wie bei Pippi Langstrumpf. Jungen aber, die wie Mädchen sind, die mit Puppen spielen, sich schön und glitzernd anziehen, ähm, tja, nein, eher nicht so gerne. Toleranz hin oder her: alle Kinder, die sich über die Geschlechterpolizei in Familien, Kitas, Spielzeugläden und Kinderkatalogen hinwegsetzen, auch die Mädchen, müssen dafür einen Preis zahlen. Nämlich den, in ihrer Geschlechtszugehörigkeit verunsichert zu werden. Ja, klar kann ein Mädchen sich Fußballershampoo wünschen, obwohl es ein Mädchen ist. Aber, und das ist der Punkt: nicht weil es ein Mädchen ist. Wir sollten das zugeben: Indem wir Gendermarketing tolerieren, zementieren wir Rollen, behindern wir Kinder in ihrer freien Entfaltung. Wir machen es ihnen schwer, zu ihren eigenen, individuellen Vorlieben und Stärken zu finden, indem wir sie schon als Babys darauf trimmen, dass sie als Mädchen dies und als Jungen das zu wollen hätten.

Antje Schrupp: Gegen den Geschlechterblödsinn, ZEIT online, 03.03.2017, https://www.zeit.de/kultur/2017-03/gender-marketing-sexismus-negativ-preis-goldener-zaunpfahl-10nach8/komplettansicht

1. Suchen Sie ein Zitat aus dem Text heraus, welches Sie entweder richtig gut finden oder welches Sie ablehnen. Begründen Sie Ihre Wahl.
2. Diskutieren Sie mit anderen Ihre Position dazu.

# M 4.10 Boys will be boys!

**Vom Alleinversorger zum fürsorglichen Vater**
Das Väter-Netzwerk ist eine Initiative von Vätern, mit dem Ziel die Rolle von Vätern im Leben ihrer Kinder zu stärken. Das betrifft Väter in Paarbeziehungen, aber insbesondere Väter nach einer Trennung. Gerade dann ist es oftmals schwer für Väter die Beziehung zu ihren Kindern aufrecht zu erhalten.

In den letzten 20 Jahren haben sich die Erwartungen an Väter, aber auch deren Werte und Handeln erheblich verändert. Väter sind heute nicht mehr reine Versorger der Familie, sondern übernehmen eine aktive Funktion für die Entwicklung ihrer Kinder. Väter wollen sich auch nach einer Trennung nicht in überkommene Rollenmuster drängen lassen, wie es die derzeit in Deutschland praktizierte Rechtsprechung leider noch vorsieht, sondern ihre Kinder weiter aktiv begleiten. Heute wachsen in Deutschland nach einer Trennung der Eltern über 90 % der Kinder bei der Mutter auf. Täglich kommen etwa 400 hinzu. Der Vater erhält in diesen Fällen meist nur ein stark eingeschränktes Umgangsrecht mit seinen Kindern – oftmals gegen seinen Wunsch, weiterhin mehr Verantwortung zu übernehmen.

Das Väter-Netzwerk hat es sich zur Aufgabe gemacht, betroffene Väter darin zu unterstützen diese schwierige Lebenssituation zu meistern und Hilfe zur Selbsthilfe zu leisten. Zusätzlich werden entsprechende Forschungsprojekte begleitet und aktiv daran mitgearbeitet, deren Ergebnisse in Politik und Gesellschaft zu tragen. Angestrebt werden gesetzliche Rahmenbedingungen, die eine aktive Vaterschaft auch nach der Trennung ermöglichen. Unsere Kinder verdienen es, dass wir uns für sie stark machen!

Väter-Netzwerk e.V.: http://vaeter-netzwerk.de

1. Benennen Sie Faktoren, die es Männern erschweren, einen intensiven Kontakt zu ihren Kindern aufrecht zu erhalten (nicht nur, aber z. B. auch nach einer Trennung).
2. Entwerfen Sie fünf verschiedene Rollen, die ein Vater innerhalb einer Familie einnehmen kann. Suchen Sie dazu passende Bilder im Internet oder schießen Sie selbst welche in ihrem Freundes- oder Familienkreis.
3. Vergleichen Sie die Rolle Ihres eigenen Vaters mit den erarbeiteten Rollenbildern.
4. Beschreiben Sie einen Mann/Vater aus Ihrem Familien-, Freundes- oder Bekanntenkreis, der für Sie das Idealbild von einem Vater darstellt.
5. In Mk 9,14–29 wird beschrieben, wie ein Vater sich für seinen Sohn einsetzt, der seit Kindheit an krank ist. Lesen Sie die Geschichte in der Bibel nach und beschreiben Sie die Eigenschaften des Vaters.
6. Beurteilen Sie das Verhalten des Vaters aus der Perspektive des Kindes.

# M 4.11 Vereinbarkeit von Familie und Beruf – eine Herausforderung für Männer

*Studien und Praxiserfahrungen zeigen: Immer mehr Männer wollen eine aktivere Rolle in der Familie übernehmen, aber erst wenige setzen diesen Wunsch um. Während die Mehrheit der Frauen mit Familienpflichten teilzeitlich erwerbstätig ist, müssen Männer aufgrund ihrer Lebensumstände persönliche und gesellschaftliche Hindernisse überwinden, bis sie sich für eine Teilzeit-Erwerbstätigkeit entscheiden. Wenn sie die Herausforderung eines neuen Lebensmodells mutig annehmen und sich nicht von ungünstig erscheinenden Rahmenbedingungen abschrecken lassen, gewinnen sie selbst, aber auch ihre Familien und Arbeitgebenden.*

Daniela Dimitrova/pixabay

**Männer leben heute in einem anderen Umfeld**
Die Zahl der Paare, die nach dem bürgerlichen Rollenideal leben – der Mann ist erwerbstätig und verdient den Unterhalt für die Familie, die Frau ist Hausfrau und betreut die Kinder – wird zusehends kleiner. [...]

Frauen verfügen heute immer öfter über gute berufliche Qualifikationen. Sie wollen sich eine finanzielle Unabhängigkeit vom Mann und einen Platz in der Welt außerhalb der Familie bewahren und ihre Erwerbstätigkeit nicht mehr zu Gunsten von Haushalt und Kinderbetreuung völlig aufgeben. Vereinbarkeit von Familie und Beruf sehen sie als ein Problem, das sie gemeinsam mit ihrem Partner lösen wollen. Gelingt dies nicht, verzichten viele eher auf Kinder, als den Beruf aufzugeben.

**Wirtschaft und Staat profitieren**
Für Wirtschaft und Staat ist es von großem Nutzen, das Know-how erfahrener Berufsfrauen nicht zu verlieren, wenn diese Frauen Kinder bekommen. Einerseits lohnen so die Investitionen in die qualifizierte Ausbildung der Frauen besser, andererseits profitieren Wirtschaft und Staat auch von der Lebenserfahrung und Perspektive der Familienfrauen. Diese bringen gefragte Kompetenzen in die Erwerbsarbeit mit ein, die sie in der Familienarbeit erwerben und pflegen (z. B. organisatorische und kommunikative Schlüsselkompetenzen).

**Viele Männer möchten zwar auch, aber bleiben passiv**
Zwar möchten viele Männer ihre Kinder intensiver erleben, als das in der traditionellen Familienernährerrolle möglich ist. Sie möchten ihnen auch »Werktagsvater«, nicht nur »Feierabend- und Sonntagsvater« oder gar nur »Zahlvater« sein.

Zudem sind heute in der Arbeitswelt auch Bestleistungen keine unbedingte Garantie mehr für die Sicherheit des Arbeitsplatzes. Da erscheint es manchem Mann verlockend, die Ernährerrolle mit der Partnerin zu teilen, so dass die Familie nicht nur von einem Einkommen abhängig ist. Aber nur wenige Männer machen ernst und engagieren sich in der Familie ebenso wie im Beruf.

**Viele Hindernisse verstellen Männern den Weg**
In der Erwerbsarbeit gilt allzu oft noch die Präsenzzeit als wichtigstes Leistungsmerkmal, so dass Männern bei einer Reduktion der Erwerbsarbeitszeit zugunsten der Familie das Karriereende droht. Während Teilzeitarbeit bei Frauen akzeptiert wird, ist sie für Männer – und speziell in Kaderpositionen – noch immer verpönt.

[...] Den Männern fehlen aber oft das nötige Wissen und die Routine in der Familienarbeit [...].

Paradoxerweise kommt hinzu: Frauen reagieren nicht immer positiv, wenn ein Mann sich wirklich zu Hause engagiert. Unter Umständen wird ihr Idealbild der Frau dadurch in Frage gestellt, oder sie wehren sich dagegen, Verantwortung und Macht im häuslichen Bereich wirklich zu teilen.

### Auch innere Hindernisse blockieren Männer

Wer einmal in betriebsinternem Konkurrenzdenken verhaftet ist, kann kaum aussteigen. Speziell unter Führungskräften werden die verschiedenen Lebensbereiche sehr unterschiedlich bewertet – die berufliche Leistung zählt extrem viel. Ein kurzsichtiges Denken: Der Einfluss der privaten Beziehungen auf die berufliche Leistung eines Menschen wird stark unterschätzt. Private Probleme führen oft zu massiver Leistungseinbuße. [...]

Viele Männer wollen die alten Rollenbilder nicht aufgeben. Das Zerrbild von der langweiligen und »mannesunwürdigen« Hausarbeit behindert eine echte partnerschaftliche Arbeitsteilung im gemeinsamen Haushalt ohne Kinder. Auch wenn Männer in der Hausarbeit mithelfen oder sogar die Verantwortung für einen Teil der Hausarbeit übernehmen, tun sie dies oft mit negativen Gefühlen gegenüber dieser Arbeit. [...]

### Männer kommen unter Druck

Die Vereinbarkeit von Familie und Beruf erscheint vielen Männern als ein Problem, bei dem sie nur verlieren können. Sie geraten von allen Seiten unter Druck, kommen in Stress.

Stress kann zur Auseinandersetzung mit sich selber, mit wesentlichen Teilen der eigenen Identität motivieren. Gleichzeitig führt aber die Infragestellung bisheriger Werte zu Verunsicherungen, die wiederum zusätzlichen Stress bewirken. Die Auseinandersetzung wird deshalb oft rasch wieder abgewehrt.

Die negativen Folgen ihres Rückzugs aus Haushalt und Kinderbetreuung nehmen Männer meist zu spät wahr: zunehmende Entfremdung von der Familie, »Entmündigung« im eigenen Zuhause, Flucht in neue Beziehungen – ein Teufelskreis, der oft in finanzielle und existenzielle Not führt.

Nur wer die Verunsicherung als reale Chance begreift und durchsteht, ist in der Lage, neue Wege zu beschreiten.

Männer stehen im Clinch zwischen den Anforderungen am Erwerbsarbeitsplatz und im Haushalt, zwischen den Erwartungen der Vorgesetzten, der Kolleginnen und Kollegen, der eigenen Partnerin, der Kinder. Die eigenen Vorstellungen und Wünsche nehmen viele Männer nur diffus wahr, sie »spüren« sich selber zu wenig. Also muss der Mann sich klar werden, was er will.

### Wer sein Leben anders leben will, muss dafür auch etwas tun

Wer weiß, was er will, kann innere und äußere Hindernisse überwinden, auch wenn das einige Anstrengung erfordert. Männer, die ihre Familienarbeit ebenso ernst nehmen wie ihre Erwerbsarbeit, haben meist einen klaren Entschluss gefasst. Sie wollen das so. Ein starker Wunsch – z. B. »Ich möchte als Vater meinem Kind ein ebenso wichtiger Mensch sein wie seine Mutter« – oder eine Überzeugung – z. B. »Ich muss als Vater den Haushalt und die Kinderbetreuung auch selbständig meistern können« – oder ein Gefühl der Dringlichkeit – z. B. »Ich bekomme nur einmal in meinem Leben – genau jetzt – die Chance, diese Phase der Entwicklung meines Kindes mitzuerleben und mitzugestalten« – können hinter diesem Entschluss stehen. [...]

### Von der Familienarbeit profitieren auch die Unternehmen

Unternehmen profitieren von der Familienarbeit ihrer Mitarbeiterinnen und Mitarbeiter, indem diese in der Familienarbeit Schlüsselkompetenzen erwerben und pflegen, die auch in der Erwerbsarbeit wesentlich sind. Diese Kompetenzen lassen sich kaum durch institutionelle Aus- und Weiterbildung vermitteln. [...]

Auch Männer haben mittlerweile erkannt: Erwerbsarbeit ist – höchstens – das halbe Leben!

Thomas Huber-Winter: Vereinbarkeit von Familie und Beruf – ein Problem von Männern, 18.06.2003, https://www.familienhandbuch.de/familie-leben/organisieren/vereinbarkeit-familie-beruf/vereinbarkeitvonfamilieundberufeinproblemvonmaennern.php

1. Beschreiben Sie Schwierigkeiten und Hindernisse, warum auch heutzutage noch viele Männer sich nicht in die Hausarbeit und Kindererziehung einbringen.
2. Welches Modell für eine (potenzielle) Partnerschaft/Familie passt am besten zu Ihnen? Begründen Sie ihre Entscheidung.
3. Benennen Sie Vorteile für sich selbst, Ihre Partnerschaft, Ihre (potenziellen) Kinder sowie Ihre Arbeitgeber*innen, wenn Männer und Frauen sich sowohl die Erwerbsarbeit als auch die Kindererziehung aufteilen.

# 5 »Arbeit – mein halbes Leben?!«: mein Beruf und ich

ALEXANDRA WÖRN

**Die Idee zum Modul**

»Arbeit ist das halbe Leben«, so ein gängiges Sprichwort. Aber stimmt das denn? Es ist auf jeden Fall richtig zu behaupten, dass entlohnte Arbeit bzw. Erwerbsarbeit unser Leben stark prägt: sei es, dass wir uns auf unser Arbeitsleben in der Schule und dann später in der Berufsausbildung vorbereiten, sei es, dass wir selbst schon mitten im Berufsleben stehen, sei es, dass wir im Ruhestand sind und unser Berufsleben hinter uns liegt. Ein erwachsener Mensch in der westlichen Welt arbeitet durchschnittlich 3.716 Tage während seines Erwachsenenlebens – 4.300 Tage verbringt er hingegen mit Gesprächen und Entspannung – mehr als 8.000 Tage schläft er. Eine mögliche Schlussfolgerung könnte hier sein, dass wir nur 16 % unserer Lebenszeit arbeiten. Aber kann man das so aufrechnen und wenn ja, warum erscheint es uns so oft als würde ein Großteil unseres Tages aus Arbeit bestehen?

»Arbeit – mein halbes Leben?!« – was steckt dahinter und wie bewerten Schülerinnen und Schüler diese Aussage? Im Folgenden finden sich zentrale Fragen zu diesem Thema:

- *Erwerbsarbeit:* Was verstehen eigentlich die Schülerinnen und Schüler unter Arbeit, die entlohnt ist?
- *Stellenwert des Berufs:* Wie wichtig ist den Schülerinnen und Schülern ihr Job? Bewerten Männer und Frauen das unterschiedlich? Was bedeutet bzw. bedeutete der Beruf für unsere Eltern und Großeltern?
- *Job, Karriere und/oder Berufung?* Wie haben sich die Schülerinnen und Schüler eigentlich für ihren Beruf entschieden? Welche Faktoren haben ihre Entscheidung beeinflusst? Ging es ihnen in erster Linie um materielle Sicherheit (Job), oder um Freude und Erfolg (Karriere) oder war es rein aus innerem Antrieb (Berufung)?
- *Arbeit = Lebensqualität bzw. Arbeit = notwendiges Übel?* Steht Arbeit für Lebensqualität oder für ein notwendiges Übel, das man über sich ergehen lassen muss? Ziehen Schülerinnen und Schüler ihren Selbstwert aus ihrem (zukünftigen) Job oder empfinden sie diesen eher als erniedrigend? Empfinden Schülerinnen und Schüler ihre Arbeit als weitestgehend selbstbestimmt oder fremdbestimmt?
- *Work-Life-Balance:* Was verstehen Schülerinnen und Schüler unter Work-Life-Balance? Beschäftigen sie sich überhaupt mit diesem Thema?
- *Mein berufliches »Ich« = mein privates »Ich«?* Trennen Schülerinnen und Schüler zwischen Beruflichem und Privatem? Verhalten sie sich am Arbeitsplatz anders als im Privatleben? Hat/hatte ihr Charakter einen Einfluss auf ihre Berufswahl?
- *Beruf und Geschlecht:* Arbeiten Männer und Frauen anders und sind sie unterschiedlich begabt? Sollte es die Einteilung in sogenannte »Frauen- oder Männerberufe« überhaupt noch geben?
- *Unterbezahlt, arbeitslos oder selbstvermögend:* Was heißt es für die Schülerinnen und Schüler, wenn ihr Gehalt (oder später ihre Rente) nicht für den eigenen Lebensunterhalt reicht? Machen Schülerinnen und Schüler sich Gedanken zum Thema Arbeitslosigkeit? Und andersherum gedacht, was halten sie von dem Gedanken so reich zu sein, dass man den eigenen Verdienst nicht mehr für den Lebensunterhalt braucht?

Fazit ist, dass für die meisten Menschen in unserer heutigen westlichen Gesellschaft Arbeit, vor allem Erwerbsarbeit, *materielle Existenzsicherung, Teilhabe am sozialen Leben* und *Selbstwert* bedeutet. Man könnte es auch so formulieren, dass unsere Arbeit und unser Lohn der Öffentlichkeit zeigen, wer wir nach außen hin sind. Arbeitslosigkeit heißt hingegen, genau dieses Aushängeschild nicht zu haben und nicht Teil dieses gesellschaftlichen Gerüstes zu sein. Der selbstvermögende Mensch hingegen kann sich diesen gesellschaftlichen Normen weitestgehend entziehen.

Die einzelnen Unterrichtsbausteine dieses Moduls greifen u. a. die oben gestellten Fragen auf, und bieten Denkanstöße und Hilfestellungen, den Themenkomplexen »Beruf«, »Job« und »Arbeit« im Religionsunterricht nachzugehen. Auch in der *Bibel* finden sich Geschichten, Gedanken und Redewendungen, die den Schülerinnen und Schülern einen Einstieg in das Thema ermöglichen und zum Nachdenken und hoffentlich auch vernetzten Denken anregen. In der biblischen Schöpfungsgeschichte (1 Mose 1–3) finden sich grundlegende Gedanken zum Thema »Arbeit«; in den biblischen Büchern *Sprüche* und *Prediger* treffen wir auf Lebensweisheiten, die auch heute noch Gültigkeit haben; in den Reden und Gleichnissen Jesu lässt sich einiges zum Thema »Arbeit« und »Muße« sowie Wertschätzung der eigenen »Talente« lernen.

### Unterrichtsbausteine

#### 1. Baustein: Pflichterfüllung, Selbstverwirklichung, Berufung? Mein Job und ich

M5.1 Was ist Arbeit für mich?
M5.2 Viele gute Gründe zu arbeiten …
M5.3 Wenn ich den Job von Ariana Grande oder Justin Bieber hätte …
M5.4 Gott ist stolz auf seine Arbeit! Ich auch?

### Was sagt die Bibel dazu?

- 1 Mose 1,31: *Bin ich stolz, was ich in meinem Job leiste?* »Schließlich betrachtete Gott alles, was er geschaffen hatte, und es war sehr gut!«
- Matthäus 6,26: *Das ganze Leben nur Arbeit?* »Schaut die Vögel an. Sie müssen weder säen noch ernten noch Vorräte ansammeln, denn euer himmlischer Vater sorgt für sie. Und ihr seid ihm doch viel wichtiger als sie.«
- 2 Thessalonicher 3,10: *Glaube ich das wirklich?* »Wer nicht arbeiten will, der soll auch nicht essen …«

### Ziel:

Die Schülerinnen und Schüler setzen sich mit der Frage auseinander, was unsere westliche Gesellschaft unter Arbeit versteht und was sie wiederum für sich selbst unter Arbeit verstehen.

Anhand von Gedankenspielen und biblischen Bezügen, werden Schülerinnen und Schüler dazu ermutigt für sich zu formulieren, was für einen Stellenwert »Arbeit« in ihrem Leben hat, was sie unter Arbeit verstehen (z. B. Arbeit als Pflichterfüllung, notwendiges Übel, Selbstverwirklichung oder Berufung), warum sie ihren Beruf gewählt haben und wie sie ihre eigene Arbeit bewerten.

#### 2. Baustein: Jungs arbeiten anders und Mädchen auch?!

M5.5 Bilder in unseren Köpfen
M5.6 A man in a woman's world – a woman in a man's world
M5.7 Bei Adam und Eva anfangen

### Was sagt die Bibel dazu?

- 1 Mose 3,16: *Reiner Frauenjob?* »Mit großer Mühe und unter Schmerzen wirst du Kinder zur Welt bringen. Du wirst dich nach deinem Mann sehnen, aber er wird dein Herr sein!«
- 1 Mose 3,23: *Reiner Männerjob?* »Er gab Adam den Auftrag, den Erdboden zu bearbeiten, aus dem er gemacht war.«

### Ziel:

Die Schülerinnen und Schüler können zu der gängigen gesellschaftlichen Unterteilung in Männer- und Frauenberufe kritisch Stellung beziehen.

Anhand z. B. von 1 Mose 3, setzen sich Schülerinnen und Schüler historisch und aktuell mit der Frage auseinander, warum Männer und Frauen unterschiedliche Berufe wählen und wie schwierig es ist, sich von gesellschaftlichen Diktaten zu befreien.

#### 3. Baustein: Wie lebt es sich mit meinem Job?

M5.8 Überhaupt noch Lust auf Arbeit?
M5.9 Work-Life-Balance
M5.10 I care – but is it fair?

### Was sagt die Bibel dazu?

- 2 Mose 23,12: Work-Life-Balance: »Sechs Tage sollt ihr arbeiten. Aber am siebten Tag sollt ihr ruhen, damit euer Rind und euer Esel die Möglichkeit haben auszuruhen …«
- Prediger 3,22: *Erfüllt mich eigentlich mein Job?* »So erkannte ich, dass es nichts Besseres für den Menschen gibt, als sich an den Früchten seiner Arbeit zu freuen. Dazu sind sie auf der Welt!«
- Matthäus 20,12: *Was ist gerechter Lohn?* »Die Leute, die du zuletzt eingestellt hast, haben nur eine Stunde gearbeitet, und du zahlst ihnen dasselbe wie uns. Dabei haben wir uns den ganzen Tag in der brennenden Sonne abgerackert!«

**Ziel:**
Die Schülerinnen und Schüler können sich kritisch mit den Themenkomplexen »Beruf und Biografie«, »berufliches Ich und privates Ich« und »Berufsverständnis und Zeitgeist« auseinandersetzen und diese auf ihr eigenes Leben beziehen.

Anhand von Unterrichtsbausteinen zu Themen wie Work-Life-Balance, Berufswahl und Charakter sowie Arbeit und Gerechtigkeit (am Beispiel von »Care-Arbeit«) werden die Schülerinnen und Schüler angeregt, sich mit Themen zu befassen, die Teil unserer gesellschaftlichen Realität sind.

### Literatur

https://www.bibleserver.com.

Tobias Dorfer: Arbeit ist nicht mal das Viertelleben, Zeit Teilchen, 11.05.2017, https://blog.zeit.de/teilchen/2017/05/11/arbeit-ist-nicht-mal-das-viertelleben/.

Bernhard Lang: Art. »Arbeit (AT)«, in: WiBiLex (Oktober 2008), https://www.bibelwissenschaft.de/stichwort/13709/.

Bildersammlung zum Thema »Arbeit«: http://sander-gaiser.de/ru/bilder/arbeit/index.htm.

Siegfried Zimmer: Gleichnisse III. Das Gleichnis von den Arbeitern im Weinberg (Mt 20, 1–16) | 1.4.1, http://worthaus.org/worthausmedien/das-gleichnis-von-den-arbeitern-im-weinberg-mt-20-1-16-1-4-1/.

Ein Interview von Mareike Nieberding mit Jutta Allmendinger: Der Heiratsmarkt bezahlt Frauen besser als der Arbeitsmarkt, ZEITmagazin, 27.10.2017, https://www.zeit.de/zeit-magazin/leben/2017-08/jutta-allmendinger-frauen-entscheidungen.

Maren Hoffmann: »Schnappen Sie nicht nach den Karotten, die man Ihnen vor die Nase hält«, manager magazin, 11.03.2019, https://www.manager-magazin.de/unternehmen/karriere/jutta-allmendinger-ueber-frauenquote-maennerrollen-und-arbeitsmodelle-a-1257193.html.

Kerstin Bund, Uwe Jean Heuser, Anne Kunze: Generation Y: Wollen die auch arbeiten?, Zeit Nr. 11/2013, https://www.zeit.de/2013/11/Generation-Y-Arbeitswelt.

## M 5.1 Was ist Arbeit für mich?

Jannes fragt sich in einem Blogpost, welche Bedeutung Arbeit für ihn hat. Wie sehen Sie das?

Wir alle kennen diesen Smalltalk: »Und was machst du so?« Fast immer bezieht sich die Frage direkt auf unseren Job oder unsere Ausbildung. Bei vielen von uns ist der Beruf so stark Teil der eigenen Identität, dass wir uns nicht nur darüber definieren, sondern auch andere danach bewerten [...]

### Ich arbeite, also bin ich?
Der Begriff Arbeit ist weniger eindeutig als er auf den ersten Blick scheint. Das zeigt ein Blick in die Geschichte: Bis ins Mittelalter war Arbeit vor allem Mittel zum Zweck und galt als unwürdige Tätigkeit, welche Menschen aus unteren sozialen Schichten ausführen. Es wurde hauptsächlich in der Landwirtschaft gearbeitet und die allermeisten Menschen lebten wortwörtlich von der Hand in den Mund.

Vor allem die christliche Religion trug dazu bei, dass Arbeit immer positiver gesehen wurde. Spätestens mit der Reformation wandelte sich unsere Beziehung zur Arbeit und der Beruf wurde zur Berufung. Martin Luther behauptete sogar, wir seien zum Arbeiten geboren und sah es als Pflichterfüllung vor Gott. Diese Aufwertung von Erwerbsarbeit setzte sich durch und bereitete den Weg für die kapitalistische Industrialisierung unserer Gesellschaft [...]

Heutzutage ist Erwerbsarbeit das Hauptkriterium für gesellschaftliche Anerkennung und Prestige. Sie ist zu einer Instanz unserer Identität geworden: Ich arbeite, also bin ich. Die Kehrseite: Wer ohne bezahlte Arbeit ist, wird sozial und finanziell ausgeschlossen.

### Schon die Suche nach einem Job ist Arbeit
Dass es nicht mehr »genug Arbeit« für alle geben wird, gilt für die meisten als sicher. Hilfe, die Roboter kommen! Aber warum ist das eigentlich schlimm? Dieser Furcht wohnt ein Denkfehler inne. Unsere Gesellschaft setzt Arbeit mit Erwerbsarbeit gleich! So werden Menschen, die sich um Haushalt und Familie kümmern, von unserem System erst als Arbeitende erfasst, wenn sie als Babysitter oder Reinigungskraft angestellt sind – also auch bezahlt werden. Dabei verbringen in Deutschland Erwachsene im Schnitt mehr Stunden pro Woche mit unbezahlter Arbeit (ca. 24,5) als mit Erwerbsarbeit (ca. 20,5). Frauen werden sogar für zwei Drittel ihrer Arbeit nicht bezahlt und damit auch nicht als Arbeitstätige anerkannt.

Für mich ist **nicht** entscheidend, ob man damit Geld verdient; es bleibt Arbeit, den Haushalt zu meistern, sich um Angehörige zu kümmern oder sich ehrenamtlich zu engagieren. Nicht nur, weil es Mühe erfordert, sondern auch, weil es volkswirtschaftlich relevant ist, dass diese Tätigkeiten ausgeführt werden. Und ganz ehrlich: Selbst die Suche nach einem Job ist schon Arbeit!

Jannes Börgerding: Was ist eigentlich Arbeit?, Mein Grundeinkommen, 13.04.2018, https://www.mein-grundeinkommen.de/magazin/3BwP8iNA8wKiSgGEgWec6c

1. Beschreiben Sie, was die Gesellschaft allgemein unter Arbeit versteht und wie Jannes Arbeit definiert.
2. Erklären Sie, warum Jannes das gesellschaftliche Verständnis von Arbeit kritisiert.
3. Überlegen Sie, wie Ihr eigenes Verständnis von Arbeit aussieht: Zählt Arbeit nur für Sie, wenn sie bezahlt ist, oder sind Sie der Überzeugung, dass unsere gesellschaftliche Einteilung in bezahlte und unbezahlte Arbeit hinterfragt werden sollte?

## M 5.2 Viele gute Gründe zu arbeiten …

Warum haben Sie sich eigentlich Ihren Job ausgesucht? Dafür gab und gibt es bestimmt viele gute Gründe. Welche Gründe waren für Sie entscheidend?

Hier sind 15 mögliche Gründe dafür:

**Ich arbeite in meinem Job, …**
- ☐ 1. … damit andere mich toll finden.
- ☐ 2. … damit ich stolz auf mich selbst sein kann.
- ☐ 3. … weil ich nur für mich etwas wert bin, wenn ich arbeite.
- ☐ 4. … damit ich mit netten Menschen zusammen bin.
- ☐ 5. … um ein gutes Leben zu haben.
- ☐ 6. … um berühmt zu werden.
- ☐ 7. … damit ich Geld zum Leben habe.
- ☐ 8. … um zu zeigen, dass ich besser bin als andere.
- ☐ 9. … damit ich weiß, was ich jeden Tag tun werde.
- ☐ 10. … um etwas Neues zu lernen und Abwechslung im Leben zu haben.
- ☐ 11. … um einen Sinn im Leben zu haben.
- ☐ 12. … damit ich Sicherheit habe.
- ☐ 13. … damit ich Einfluss in der Welt habe.
- ☐ 14. … damit ich etwas Sinnvolles tue.
- ☐ 15. … damit ich anderen helfen kann.

Nach Dietrich Horstmann: Wozu arbeite ich?:
http://www.dihorst.de/themenbloecke/ausbildung-und-beruf/index.php#title7233689ddd0860101

1. Kreuzen Sie an, welche der 15 Gründe auf Sie zutreffen, und bringen Sie diese in eine Reihenfolge (von wichtig bis weniger wichtig). Überlegen Sie, was das über Sie und Ihre Motivation für Ihre Arbeit aussagt.
2. Entwickeln Sie ein besseres Verständnis von sich selbst: Welche der angekreuzten Eigenschaften wollen Sie für sich und Ihren Job beibehalten und verstärken – und welche wollen Sie abschwächen und vielleicht sogar aufgeben?
3. Gehen Sie noch einen Schritt weiter: Welche der Ihnen fremden Einstellungen aus der Liste möchten Sie für sich selbst gerne erlernen und wie könnten Sie diese erlernen?

## M 5.3 Wenn ich den Job von Ariana Grande oder Justin Bieber hätte ...

Ein Gedankenspiel: Stellen Sie sich vor, Sie könnten für einen Tag den Job Ihres Idols oder Vorbildes ausüben. Es kann, aber muss niemand Berühmtes sein. Welcher Job wäre das? Z. B. der einer Stylistin, eines
5 Bodybuilders oder einer Influencerin? Wie würde sich Arbeit für Sie an diesem Tag anfühlen?

> Es ist unglaublich, dass ich jemanden so Berühmtes stylen darf! Das geht echt unter die Haut ... und es gibt mir das Gefühl, irgendwie auch wichtig zu sein!
> [Star-Stylistin]

> Es ist krass, dass ich einfach so total viel Geld mit dem verdienen kann, was ich jeden Tag erlebe – so viele Follower interessieren sich für mich!
> [Influencerin mit einer Million Follower]

> Heute, wie immer, trainieren, trainieren, trainieren ... Ich find's zwar geil, aber manchmal auch einfach nur nervig! So einen Body zu haben, ist ein Knochenjob, reine Schweißarbeit! Aber Eindruck machen die Mukkis echt ...
> [Bodybuilder]

> Hey, schon echt cool, für »law and order« zuständig zu sein! Ich sage allen, wo's lang geht ... Man muss aber tough sein, um in diesem Job seinen Mann zu stehen!
> [Polizist bei der Kripo]

> Wir arbeiten echt hart daran, coole Musik zu machen! Vielleicht schaffen wir's auch mal, berühmt zu werden? Zumindest können wir bis jetzt auch einfach ganz normal sein – für Justin unmöglich!
> [Vorgruppe von Justin Bieber]

1. In welchen Job sind Sie für diesen einen Tag hineingeschlüpft? Halten Sie fest, warum Sie sich für genau diesen Job entschieden haben und wie sich für Sie dieser Tag angefühlt hat. Was hat Sie beflügelt und was hat Sie genervt?
2. Überlegen Sie, was die Unterschiede zwischen Ihrem erträumten und Ihrem eigenen Arbeitsleben sind.
3. Lassen Sie sich von Ihrem Traumjob inspirieren: Entwickeln Sie Querverbindungen zwischen diesem Traum und Ihrer aktuellen Jobsituation. Überlegen Sie, wie Ihr aktuelles Leben von diesem Gedankenspiel profitieren könnte.

# M 5.4 Gott ist stolz auf seine Arbeit! Ich auch?

Wann waren Sie selbst stolz auf das, was Sie geleistet haben – und warum?

Schreiben Sie eine Chat-Nachricht an sich selbst mit den fünf Dingen, die Sie gemacht haben und auf die Sie stolz sind:

1. _____
2. _____
3. _____
4. _____
5. _____

Lesen Sie nun die Schöpfungsgeschichte, wie sie ganz am Anfang der Bibel steht.
Diese Geschichte erzählt, wie sich Menschen vor über 2.500 Jahren die Erstehung der Welt vorgestellt haben. Obwohl wir heute eine andere Vorstellung davon haben, wie die Erde und das ganze Universum entstanden sind, zeigt uns diese Geschichte trotz allem, wie Gott ist und wie er wirkt.

spirit111/pixabay

### 1. Mose 1: Die Erschaffung der Welt

¹Am Anfang erschuf Gott Himmel und Erde. ²Die Erde war wüst und leer, und Finsternis lag über dem Urmeer. Über dem Wasser schwebte Gottes Geist. ³Gott sprach: »Es soll Licht werden!« Und es wurde Licht. ⁴Gott sah, dass das Licht gut war, und Gott trennte das Licht von der Finsternis. ⁵Er nannte das Licht »Tag« und die Finsternis »Nacht«. Es wurde Abend und wieder Morgen – der erste Tag.

⁶Gott sprach: »Ein Dach soll sich wölben mitten im Urmeer! Es soll das Wasser darunter von dem Wasser darüber trennen.« Und so geschah es. ⁷Gott machte das Dach und trennte das Wasser unter dem Dach von dem Wasser über dem Dach. ⁸Gott nannte das Dach »Himmel«. Es wurde Abend und wieder Morgen – der zweite Tag.

⁹Gott sprach: »Das Wasser unter dem Himmel soll sich an einem Ort sammeln, damit das Land sichtbar wird!« Und so geschah es. ¹⁰Gott nannte das Land »Erde« und das gesammelte Wasser »Meer«. Und Gott sah, dass es gut war.

¹¹Gott sprach: »Die Erde soll frisches Grün sprießen lassen und Pflanzen, die Samen tragen! Sie soll auch Bäume hervorbringen mit eigenen Früchten und Samen darin!« Und so geschah es. ¹²Die Erde brachte frisches Grün hervor und Pflanzen, die Samen tragen. Sie ließ auch Bäume wachsen mit eigenen Früchten und Samen darin. Und Gott sah, dass es gut war. ¹³Es wurde Abend und wieder Morgen – der dritte Tag.

¹⁴Gott sprach: »Lichter sollen am Himmelsdach entstehen, um Tag und Nacht voneinander zu trennen! Sie sollen als Zeichen dienen, um die Feste, die Tage und Jahre zu bestimmen. ¹⁵Als Leuchten sollen sie am Himmelsdach stehen und der Erde Licht geben.« Und so geschah es. ¹⁶Gott machte zwei große Lichter. Das größere Licht sollte den Tag beherrschen und das kleinere die Nacht. Dazu kamen noch die Sterne. ¹⁷Gott setzte sie an das Himmelsdach, um der Erde Licht zu geben. ¹⁸Sie sollten am Tag und in der Nacht herrschen und das Licht von der Finsternis trennen. Und Gott sah, dass es gut war. ¹⁹Es wurde Abend und wieder Morgen – der vierte Tag.

²⁰Gott sprach: »Das Wasser soll von Lebewesen wimmeln, und Vögel sollen fliegen über der Erde und am Himmel!« ²¹Gott schuf die großen Seeungeheuer und alle Arten von Lebewesen, von denen das Wasser wimmelt. Er schuf auch alle Arten von Vögeln. Und Gott sah, dass es gut war. ²²Gott segnete sie und sprach: »Seid fruchtbar, vermehrt euch und füllt das ganze Meer! Auch die Vögel sollen sich vermehren auf der Erde!« ²³Es wurde Abend und wieder Morgen – der fünfte Tag.

²⁴Gott sprach: »Die Erde soll Lebewesen aller Art hervorbringen: Vieh, Kriechtiere und wilde Tiere!« Und so geschah es. ²⁵Gott machte die wilden Tiere und das Vieh und alle Kriechtiere auf dem Boden. Er machte sie alle nach ihrer eigenen Art. Und Gott sah, dass es gut war.

²⁶Gott sprach: »Lasst uns Menschen machen – unser Ebenbild, uns gleich sollen sie sein! Sie sollen herrschen über die Fische im Meer und die Vögel am Himmel, über das Vieh und die ganze Erde, und über alle Kriechtiere auf dem Boden.« ²⁷Gott schuf den Menschen nach seinem Bild. Als Gottes Ebenbild schuf er ihn, als Mann und Frau schuf er sie. ²⁸Gott segnete sie und sprach zu ihnen: »Seid fruchtbar und vermehrt euch! Bevölkert die Erde und nehmt sie in Besitz! Herrscht über die Fische im Meer und die Vögel am Himmel und über alle Tiere, die auf dem Boden kriechen!«

²⁹Gott sprach: »Als Nahrung gebe ich euch alle Pflanzen auf der Erde, die Samen hervorbringen – dazu alle Bäume mit Früchten und Samen darin. ³⁰Die grünen Pflanzen sollen Futter für die Tiere sein: für die Tiere auf der Erde, die Vögel am Himmel und alle Kriechtiere auf dem Boden.« Und so geschah es. ³¹Gott sah alles an, was er gemacht hatte: Es war sehr gut. Es wurde Abend und wieder Morgen – der sechste Tag.

BasisBibel, © 2021 Deutsche Bibelgesellschaft, Stuttgart

---

1. Beschreiben Sie, was Gott an den sechs Tagen gearbeitet hat und wie er selbst zu seiner getanen Arbeit steht.
2. Gott arbeitet wie wir Menschen auch: Welche Aufgabengebiete, Mitarbeitende und Teams, Arbeitszeiten etc., gehören zu Gottes Arbeit? Entwickeln Sie ein Berufsprofil von Gott.
3. Überlegen Sie, was Sie von Gottes Arbeitseinstellung für Ihre eigene Arbeitseinstellung übernehmen können.
4. Gehen Sie nochmal zurück zu Ihrer Chat-Nachricht an sich selbst und lesen Sie diese erneut. Halten Sie fest, welche Veränderung Sie im erneuten Lesen bei sich feststellen.

## M 5.5 Bilder in unseren Köpfen

*Der Mann als Balletttänzer – die Frau als Schreinerin. Leider immer noch eine Seltenheit! Zu häufig hängen wir der Vorstellung nach, dass bestimmte Jobs besser von einer Frau oder von einem Mann ausgeübt werden*
5 *sollten. Warum eigentlich?*

pikselstock/shutterstock

Yogendra Singh/pexels

1. Ein »richtiger« Mann, eine »richtige« Frau: Beschreiben Sie, was einen Mann und eine Frau Ihrer Meinung nach ausmacht.
2. Ein Mann tanzt eine Pirouette und eine Frau arbeitet mit Holz: Überlegen Sie, wie das mit Ihrem Bild von Mann und Frau zusammenpasst.
3. Es ist das Jahr 2050 und wir leben in einer Welt, in der Männer und Frauen ganz selbstverständlich jeden Job ausüben können: Halten Sie fest, welche Veränderungen das auf dem Arbeitsmarkt (bezüglich Jobprofil, Prestige, Bezahlung etc.) mit sich bringen würde.

## M 5.6 A man in a woman's world – a woman in a man's world

*Ist eine Frau in einem Männerberuf cool – und ein Mann in einem Frauenberuf nur ein Loser? Eine Frau hat sich trotz aller gesellschaftlichen Hindernisse durchgesetzt und ein Mann macht Abstriche bei seinem Gehalt, manchmal auch bei der sozialen Anerkennung. Was sagen Mädchen und was Jungs dazu? Hier zwei Briefe:*

**Liebe Jungs,**

meine Freundin M erzählte mir vor kurzem von einer Bekannten, die die allertollste Frau auf der ganzen Welt sei. Zum Beweis zählte sie auf: diese Frau sei erstens nicht nur grundsätzlich sehr schlau und zweitens ausgerechnet in Naturwissenschaften der absolute Ober-Crack, sondern drittens auch extrem sportlich. Und weil sie eben eine solche Superfrau ist, wurde sie viertens vom Österreichischen Heer dazu auserwählt, fünftens als einzige Frau in der Geschichte des österreichischen Militärs sechstens die Ausbildung zur Kampfjet-Pilotin zu machen.

Und alle anwesenden Damen so: Boah! Wow!!!! Hammer-Frau! Unpackbar, was die alles kann. Also, ich könnt's ja nicht, aber ich unterstütze sie auf jedem Meter ihrer weiteren beruflichen und privaten Entwicklung. Unbekannterweise.

Jetzt könnte man natürlich auch sagen: Kampfjet-Pilotin? Beim österreichischen Bundesheer? Ufffff. Naja. Klingt ziemlich verschwitzt und autoritätshörig und stressig und überhaupt: Militär und Schießen und Töten und so. Aber gut, wer's mag …?

Aber seht ihr – so würden wir niemals argumentieren. Denn wann immer wir einer Frau begegnen, die einen Beruf ergreift, der traditionell eher eine Männer-Domäne ist, zollen wir dieser Frau automatisch unseren allergrößten Respekt und knien (eher metaphorisch) vor ihr nieder. Und da ist es ziemlich egal, ob es sich dabei um einen prestigeträchtigen Job wie Kampfpilotin oder einen eher weniger prestigeträchtigen wie Müllfrau handelt.

Vielleicht liegt es daran, dass wir unterbewusst traditionell »männliche« Fähigkeiten höher bewerten als »weibliche«, weil die eben auch von der Gesellschaft besser bewertet werden. Vielleicht liegt es daran, dass wir auf diese Pionierarbeit, die solche Frauen leisten, selbst keine große Lust haben – und froh sind, wenn jemand die für unser Geschlecht übernimmt.

Und vielleicht liegt es auch daran, dass wir davon ausgehen, dass Frauen in solchen von Männern beherrschten Domänen tendenziell eher schlecht behandelt werden und häufig irgendwelche blöden sexistischen Sprüche reingedrückt bekommen.

Wie ist das bei euch? Bewundert ihr Jungs, die sich entschieden haben, in einem dezidiert »weiblichen« Berufsumfeld zu arbeiten? Die Balletttänzer, Erzieher, Grundschullehrer oder Teamassistent geworden sind? Obwohl viele der Berufe gesellschaftlich oft nicht gar so hoch angesehen oder schlecht vergütet sind?

Eure Mädchen

### Liebe Mädchen,

Kumpel J und ich spielten früher in einer Fußballmannschaft, er hatte nach der Realschule eine Ausbildung zum Bankkaufmann gemacht. Der Rest der Mannschaft, alles Einzelhandel-Azubis oder Studenten, schaute nach dem Training neidisch auf seinen nagelneuen 1er BMW, den er sich von seinem üppigen Dorf-Kreissparkassen-Gehalt leisten konnte.

J hatte aber irgendwann keinen Bock mehr auf Kreissparkasse und BMW fahren. Sein Alltag zwischen Zahlen und Bausparverträgen langweilte ihn nach einem Jahr. Er wollte nämlich eigentlich schon immer was mit Kindern machen, erzählte er damals. J kündigte also bei der Bank und fing eine Ausbildung zum Erzieher im Dorfkindergarten an. J hat also den gut bezahlten Job im Anzug gegen ein mickriges Azubi-Gehalt und vollgesaute Bastelkittel eingetauscht.

Mit dem Berufswechsel zeigt J dem Männlichkeitsklischee den Mittelfinger. Das beeindruckt mich und viele andere Jungs, so wie euch die österreichische Kampfjetpilotin beeindruckt. Genau wie sie hat es J nämlich geschafft, aus einer Geschlechterrolle auszubrechen: Mit seinem Bankkaufmann-Gehalt hätte er später locker eine Familie ernähren können. Er hat sich aber für den schlechter bezahlten Job entschieden, mit dem das Ernähren wohl nicht mehr so locker funktionieren wird. Viele von uns hätten sich das nicht getraut.

Leider, leider müssen wir im Jahr 2018 aber auch immer noch sagen, dass die breite Masse vermutlich (bewusst oder unbewusst) immer noch den Automechaniker oder Banker männlicher findet als einen Erzieher oder einen Putzmann. Sie hält an der alten Rollenverteilung fest, weil die ja auch Sicherheit gibt: War schon immer so, da weiß man, wen man wie bewerten muss oder kann. Aber das Ganze bröckelt. Denn es gibt unserer Beobachtung nach immer mehr Js.

Und wer weiß, vielleicht kommen wir so wirklich mal bald dahin: Dass ein Mann in einem Job, den er aus Leidenschaft gewählt hat, von jedem und jeder genauso respektiert wird wie ein Mann mit dickem Gehaltsscheck. Wir würden es uns wünschen.

Eure Jungs

Christina Waechter, Niko Kappel: Jungs, was haltet ihr von Männern in »Frauenberufen«?, jetzt, 23.11.2018, https://www.jetzt.de/maedchenfrage/maedchenfrage-jungs-was-haltet-ihr-von-maennern-in-frauenberufen

---

1. Beschreiben Sie, wie die Mädchen die Berufswahl der oben beschriebenen Frau einschätzen und die Jungs die Umschulung ihres Kumpels J.
2. Überlegen Sie, warum die Mädchen denken, dass Männerberufe bei Frauen immer noch als cool gelten, und die Jungs wiederum bedauern, dass Männer, die sogenannte Frauenberufe wählen, nicht immer respektiert werden.
3. Was müsste sich verändern, damit es keine sogenannten Männer- und Frauenberufe mehr gäbe? Entwickeln Sie eine Lösung für dieses gesellschaftliche Dilemma.

# M 5.7  Bei Adam und Eva anfangen

Schedelsche Weltchronik, 1493

*Adam und Eva: Mit denen beiden beginnt unsere Menschheitsgeschichte. Zumindest in unseren Köpfen. Die Geschichte von Adam und Eva will uns nämlich erklären, warum unser Leben so ist, wie es ist: Warum wir Menschen geboren werden und sterben, warum Männer und Frauen z. B. unterschiedliche Lebensentwürfe hatten und immer noch haben. Und was das mit Arbeit zu tun hat.*

**Gott gibt Eva nach dem Sündenfall folgenden Job:** »Mit großer Mühe und unter Schmerzen wirst du Kinder zur Welt bringen. Du wirst dich nach deinem Mann sehnen, aber er wird dein Herr sein!« *1 Mose 3,16*

Die Bibelstellen sind der Übersetzung Hoffnung für alle® entnommen, Copyright © 1983, 1996, 2002, 2015 by Biblica, Inc.®. Verwendet mit freundlicher Genehmigung des Herausgebers Fontis

**Adam bekommt von Gott folgende Arbeit:** »Er gab Adam den Auftrag, den Erdboden zu bearbeiten, aus dem er gemacht war.« *1 Mose 3,23*

Neues Leben. Die Bibel © 2002 und 2006 SCM R.Brockhaus im SCM-Verlag GmbH & Co. KG, Witten

1. Der Sündenfall veränderte laut Bibel radikal die Welt: Die beiden Sprechblasen und das Bild zeigen, wie das Leben von Frau und Mann nach dem Sündenfall aussieht. Beschreiben Sie mit eigenen Worten, was Sie über Frau und Mann (in Bezug auf Arbeit, Beziehung, Ursprung des Menschen) nach dem Sündenfall erfahren.
2. Überlegen Sie, welche Verbindungen zwischen den beiden Aussagen aus der Bibel, dem Bild von Adam und Eva und Ihrem eigenen Leben bestehen.
3. Vor dem Sündenfall lebten Adam und Eva *ohne* die sogenannte »klassische« Rollenaufteilung miteinander im Paradies. Entwickeln Sie ein Lebensmodell für sich, in dem die Rollen- und Arbeitsaufteilung zwischen Frau und Mann aufgehoben ist.

## M 5.8 Überhaupt noch Lust auf Arbeit?

Junge Arbeitnehmer*innen sind immer unzufriedener mit ihrem Job. Mit viel Leidenschaft, aber für wenig Geld zu arbeiten, reicht den meisten nicht mehr aus, zeigt eine aktuelle Studie.

Wer von 1997 bis 2012 geboren wurde, gehört zur sogenannten Generation Z. Die ältesten dieser Generation sind im Jahr 2020 erst 23 Jahre alt. Was zeichnet sie aus?

### 1. Online
Für die Generation Z spielt sich fast alles online ab. Schon bei der Einschulung können viele Kinder mit Smartphone und Tablet umgehen. Das Mittagessen landet als Foto bei Instagram – die Forderungen an die Politik werden in einem Tweet bei Twitter zusammengefasst. Klassische TV-Programme dagegen spielen keine große Rolle mehr, denn jede Familie hat heutzutage einen Streaming-Account.

### 2. Aktionismus
Die Generation Z kämpft für ihre Ziele und Vorstellungen. Seit Wochen [inzwischen seit Jahren] gehen jeden Freitag tausende Schüler auf die Straße und demonstrieren für eine klimafreundliche Politik.

### 3. Arbeitsweise
Unternehmen berichten, dass Bewerber der Generation Z mit sehr hohen Anforderungen in die Bewerbungsgespräche kommen. Einige fordern eine 3-Tage-Woche, andere ein horrendes Einstiegsgehalt. Ein möglicher neuer Job für viele Jugendliche: Influencer bei Instagram. Auch keine Seltenheit: Der Berufseinstieg als Youtuber. Immer wichtiger werden auch Social-Media-Manager – denn fast jedes Unternehmen ist mittlerweile in den sozialen Medien vertreten. Heute ist es völlig normal, mit schönen Bildern Geld zu verdienen – vor ein paar Jahren haben erst wenige an diese Jobperspektive gedacht.

### 4. Essen
Seit einigen Jahren geht der Food-Trend immer mehr in Richtung gesunde Ernährung. Laut Vegetarierverband Deutschland e. V. ernähren sich rund 8 Millionen Menschen im Jahr 2018 vegetarisch. Viele der Merkmale der Generation Z passen aber auch auf Menschen, die vor 1997 geboren wurden. Vegetarisches Essen und Umweltschutz haben auch schon die Vorgängergenerationen beschäftigt – den Schwerpunkt darauf setzen jetzt allerdings die jungen Leute.

Nele Andresen: Generation Z: Was zeichnet diese jungen Menschen aus?, Stern, 13.04.2019, https://www.stern.de/neon/vorankommen/generation-z---was-zeichnet-diese-jungen-menschen-aus--8660104.html

---

1. Beschreiben Sie, was für eine Art von Job attraktiv für die Generation Z wäre und wie Sie selbst dazu stehen.
2. Entwickeln Sie konkrete Rahmenbedingungen, die Sie brauchen, damit ihr Job Ihnen auch Spaß macht und für Sie erfüllend ist.
3. Überlegen Sie, was Sie allein oder auch zusammen mit Ihren Kolleg*innen unternehmen könnten, damit diese Rahmenbedingungen umgesetzt werden.

## M 5.9 Work-Life-Balance

*Ist der Mensch zum Arbeiten gemacht? Laut Bibel eindeutig ja. Aber das bedeutet nicht, dass blinde Arbeitswut gottgefällig wäre – Berufsberaterin Uta Glaubitz hat nachgelesen. Und siehe da: Jesus setzte sich auch*
5 *mal für gepflegten Müßiggang ein.*

Ist der Mensch von Natur aus faul oder fleißig? Und wenn es einen Schöpfergott gibt, hat er uns denkend, spielend oder arbeitend gemacht? […]
Beginnen wir mit der Schöpfung. Bereits der erste
10 Satz klingt nach Arbeit: »Am Anfang schuf Gott Himmel und Erde.« Wenig später schuf er den Menschen nach seinem Abbild, was bedeutet, dass er ihn von Beginn an mit Überschuss und Schaffenskraft ausstattet. Umgehend beauftragt er den Menschen persönlich: Adam und Eva sollen den Garten Eden bewirtschaften. 15

Harken, jäten, pflügen – so detailliert wird die Bibel da nicht. Muss man im Paradies etwa arbeiten? Prälat Bernhard Felmberg ist Bevollmächtigter der evangelischen Kirche bei der Bundesrepublik Deutschland und der Europäischen Union. Er antwortet: »Man 20 muss nicht – man darf. Durch den Auftrag Gottes ist

Francesco Solimena: Adam und Eva im Paradies, (ca. 1700). Das Kunstinstitut von Chicago.

die Arbeit nicht lästige Pflicht, sondern Ehre. Wer ihr mit Liebe und Leidenschaft nachgeht, erweist Gott einen Dienst.« Arbeit als Gottesdienst, das wird nicht jedem gefallen, modern ist es schon gar nicht.

### Arbeit als göttliche Berufung?

Allerdings wird es nach der Vertreibung aus dem Paradies anstrengender: Der Mensch soll nun im Schweiße seines Angesichts arbeiten. Nicht einmal gegen schwere Arbeit hat die Bibel etwas einzuwenden. Im Gegenteil: Nichts sei besser, als dass der Mensch fröhlich sei in seiner Arbeit. Auch beschwerliche Arbeit solle man nicht verachten, sie sei schließlich vom Höchsten gestiftet. »Nimm dir ein Beispiel an der fleißigen Ameise, du Fauler, und lerne von ihr«, rät Salomo bereits im Alten Testament arbeitsunwilligen Zeitgenossen (Prediger 3,22; Sirach 7,16; Sprüche 6,6).

Sogar unser Begriff von Beruf ist ursprünglich religiös: Ein Mensch hat ein Berufungserlebnis und fühlt sich dazu bestimmt, Priester, Nonne oder Missionar zu werden – Tätigkeiten, die die Kirche lange höher wertete als alle anderen. Bis ein Augustinermönch kam und damit Schluss machte: Martin Luther stellte die Arbeit des Priesters der jedes Gemeindemitglieds gleich. Damit war Winzer ein Beruf, ebenso wie Lehrerin, Bankkaufmann und Lebensmittelhändler.

Zurück zur Bibel: Am siebten Tag ruhte Gott. Er betrachtete seine Schöpfung und sah, dass es gut war. So führte Kaiser Konstantin bereits 321 nach Christi Geburt im Römischen Reich den dies solis (Sonntag) ein. Damit war die erste gesetzliche Sonntagsruhe kein gewerkschaftlicher Erfolg, sondern ein Bekenntnis des Kaisers. Die Juden feierten am Sabbat, den Islam gab es noch nicht, alle Christen sollten am Tag der Gottesruhe die Heilige Messe feiern.

### »Marta, du machst dir viele Sorgen und Mühen«

Für den Schutz des Sonntags gibt es heute ein bundesdeutsches Arbeitszeitgesetz – für dessen Erhalt die Kirchen kämpfen. Die 1700 Jahre alte Tradition bietet Raum für Familie, Freunde und Geselligkeit. Zeit für sich und andere gehöre zum von Gott gewollten Dasein, so Felmberg. Sie sei außerdem gesund, auch jenseits aller religiösen Überlegungen. Nicht umsonst stehe in den Zehn Geboten, und damit an der bekanntesten Stelle des meistgelesenen Buchs der Welt: »Sechs Tage darfst du schaffen und jede Arbeit tun. Der siebte Tag ist ein Ruhetag.« (Exodus 20,9–10)

Zum Schluss eine Begebenheit aus dem Neuen Testament. Jesus besucht Marta und ihre Schwester Maria. Marta beginnt sofort zu waschen, zu kochen und für den Besuch zu sorgen. Maria hingegen setzt sich zu Jesu Füßen und hört ihm zu. Als Marta aufbegehrt, bremst Jesus sie: »Marta, Marta, du machst dir viele Sorgen und Mühen. Aber nur eines ist notwendig. Maria hat das Bessere gewählt.« (Lukas 10,41–42)

Ist Müßiggang am Ende doch besser als Arbeit? »Jesus wendet sich gegen die ständige Betriebsamkeit und das gottlose Rennen. Er sagt: Macht euch nicht verrückt. In jedem Arbeitsleben muss man auch innehalten und zuhören können.«

Am Ende, so Felmberg, spare das ja auch viel Arbeit. Wenn es einen Schöpfergott gibt, hat er uns also eher mit Arbeitslust als mit Arbeitswut ausgestattet.

Uta Glaubitz: Unkraut jäten im Garten Eden, Spiegel, 18.06.2012, https://www.spiegel.de/karriere/mensch-und-arbeit-was-die-bibel-sagt-a-838247.html

---

1. Beschreiben Sie, warum der Mensch laut Bibel arbeitet und warum es gut ist, dass er arbeitet. Bringen Sie die biblischen Aussagen zur Arbeit mit Ihrem eigenen Arbeitsverständnis zusammen.
2. Laut Martin Luther hat jeder Beruf etwas mit Berufung zu tun: Überlegen Sie, was Sie unter Berufung verstehen und ob das einen Einfluss auf Ihre Jobwahl hatte.
3. Job und Freizeit stehen oft miteinander im Clinch: Mal zieht der Job, mal die Freizeit den Kürzeren. Entwickeln Sie einen Wochenplan für sich selbst, in dem es um eine Work-Life-Balance geht, die Ihnen entspricht.

## M 5.10 I care – but is it fair?

*Die erste Beziehungskrise verhindert die Spülmaschine, die zweite die Putzkraft. Wenn Frauen genauso viel arbeiten wollen wie Männer, brauchen sie oft Hilfe von anderen Frauen, die weniger privilegiert sind als sie: Ba-*
5 *bysitting, Putzkräfte und Lieferdienste. Haben Frauen diese Unterstützung nicht, heißt es noch lange nicht, dass sie nicht arbeiten, aber oft ist es dann Arbeit ohne Lohn:*

Für die eine Form des Arbeitens wird man entlohnt, die andere verrichtet man unbezahlt. Zur unbezahlten
10 Arbeit, die im Gegensatz zur Erwerbsarbeit auch als Care-Arbeit bezeichnet wird, zählen Tätigkeiten wie Putzen, Einkaufen, Rasenmähen, das Sich-Kümmern um Kinder oder die Pflege von Familienmitgliedern.

Dass Care-Arbeit überhaupt als Arbeit bezeichnet
15 wird, ist relativ neu. Hinzu kommt eine stille Akzeptanz der zusätzlichen Arbeit, die vor allem von Frauen geleistet wird. Man hört Männer über ihre Partnerinnen sagen: »Meine Frau arbeitet gerade nicht«, und man hört auch Frauen diese Aussage über sich selbst
20 treffen, wenn sie gerade keine Erwerbsarbeit haben, obwohl ihre Arbeitszeit zuhause die Acht-Stunden-Marke oft sprengen dürfte. Das trifft nicht nur auf Hausfrauen zu, sondern zum Beispiel auch auf Erwerbslose oder Menschen im Ruhestand – kaum ein
25 erwachsener Mensch arbeitet gar nicht.

Fürsorgearbeit begleitet die meisten von uns bis zum Ende des Lebens, sie überwiegt sogar den Zeitaufwand für Lohnarbeit, die Menschen überall auf der Welt jeden Tag leisten. Der Begriff »Doppelbelastung«
30 beschreibt in der Regel die Lebensrealität von Müttern, die zum einen erwerbsarbeiten, zum anderen sich um Kinder und Haushalt kümmern. Dass er für Männer nur selten Verwendung findet, hat gute Gründe: Sie übernehmen nachweislich deutlich weniger unbezahl-
35 te Arbeit als Frauen, schon bei der Kindererziehung, aber auch später in der Pflege von Angehörigen.

In der Wirklichkeit jedoch bleiben Wirtschaft und Arbeit in einem veralteten, männlichen Modell stecken, in dem Macht bedeutet, die »Drecksarbeit« an Menschen abzutreten, die nur Zugang zu diesen Arten
40 der Arbeit haben. Und privilegierte Frauen machen in diesem Modell mit. Sie stärken es, statt einzufordern, die Arbeitswelt neu zu organisieren. Denn unsere Wirtschaft wird in seiner aktuellen Verfassung nur durch unbezahlte Arbeit am Leben erhalten und hat
45 die Care-Arbeit bislang nicht als integralen Teil der Wirtschaft verstanden.

Die wachsende Gleichstellung von Frauen in der Wirtschaft wird überall in der Welt ermöglicht durch eine oft ausbeutende Arbeitsteilung: Privilegierte
50 Menschen geben die Care-Arbeit, für die ihnen nun die traditionelle Hausfrau fehlt, für die sie selbst keine Zeit mehr haben oder die sie als unterhalb ihrer Würde empfinden, an Frauen und Migrant*innen ab, die aufgrund ihrer Herkunft oder sozialen Klasse in der
55 jeweiligen Gesellschaft schlechtere Chancen auf Bildung und Arbeit haben. Selbst hochqualifizierte Migrant*innen – auch in dieser Gruppe sind es deutlich mehr Frauen als Männer – arbeiten oft zunächst oder dauerhaft im Niedriglohnsektor oder unangemeldet
60 in Privathaushalten.

In Deutschland arbeitet trotz des Rückgangs der Arbeitslosenzahlen jede*r Vierte zu Niedriglöhnen. Der Bedarf an Arbeiter*innen, die insbesondere in privaten Haushalten, in der Pflege und in schlecht
65 bezahlten Jobs arbeiten, wäre in Deutschland aktuell ohne Migrant*innen kaum zu decken. In Gesprächen im Familien- und Bekanntenkreis fallen Sprüche wie: »Wenn Opa krank wird, holen wir uns eine Polin«, statt losgelöst von der Nationalität über die Beschäf-
70 tigung einer Pflegekraft zu sprechen oder zu diskutieren, warum Opa von keinem Familienmitglied gepflegt werden kann.

Teresa Bücker: Ist es radikal, alle Care-Arbeit selbst zu erledigen?, Süddeutsche Zeitung Magazin, 15.01.2020, https://sz-magazin.sueddeutsche.de/freie-radikale-die-ideenkolumne/gleichberechtigung-haushalt-pflege-88262 (leicht gekürzt und abgeändert)

1. Beschreiben Sie, was Sie unter »Care-Arbeit« verstehen, und wie »Care-Arbeit« Ihr eigenes Arbeitsleben bestimmt oder eben auch nicht.
2. »Der Status Quo, wie wir in Deutschland arbeiten, ist immer noch stark auf die traditionellen Bedürfnisse von Männern ausgerichtet.« Beziehen Sie Stellung zu dieser Aussage.
3. Überlegen Sie, was sich in unseren Köpfen und auf dem Arbeitsmarkt verändern müsste, damit »Care-Arbeit« als ordentliche Arbeit respektiert und somit fair bezahlt wird.